essentials

essentials liefern aktuelles Wissen in konzentrierter Form. Die Essenz dessen, worauf es als „State-of-the-Art" in der gegenwärtigen Fachdiskussion oder in der Praxis ankommt. *essentials* informieren schnell, unkompliziert und verständlich

- als Einführung in ein aktuelles Thema aus Ihrem Fachgebiet
- als Einstieg in ein für Sie noch unbekanntes Themenfeld
- als Einblick, um zum Thema mitreden zu können

Die Bücher in elektronischer und gedruckter Form bringen das Expertenwissen von Springer-Fachautoren kompakt zur Darstellung. Sie sind besonders für die Nutzung als eBook auf Tablet-PCs, eBook-Readern und Smartphones geeignet. *essentials:* Wissensbausteine aus den Wirtschafts-, Sozial- und Geisteswissenschaften, aus Technik und Naturwissenschaften sowie aus Medizin, Psychologie und Gesundheitsberufen. Von renommierten Autoren aller Springer-Verlagsmarken.

Weitere Bände in der Reihe http://www.springer.com/series/13088

Marcel Schütz · Heinke Röbken

Projekt- und Abschlussarbeiten in Organisationen

Eine betriebliche Arbeit verfassen für Bachelor, Master und Praktikum

2., überarbeitete Auflage

Marcel Schütz
Northern Business School Hamburg
Hamburg, Deutschland

Heinke Röbken
Carl von Ossietzky Universität
Oldenburg, Oldenburg
Deutschland

ISSN 2197-6708 ISSN 2197-6716 (electronic)
essentials
ISBN 978-3-658-29310-9 ISBN 978-3-658-29311-6 (eBook)
https://doi.org/10.1007/978-3-658-29311-6

Die Deutsche Nationalbibliothek verzeichnet diese Publikation in der Deutschen Nationalbibliografie; detaillierte bibliografische Daten sind im Internet über http://dnb.d-nb.de abrufbar.

Planung/Lektorat: Ulrike Loercher
Springer Gabler ist ein Imprint der eingetragenen Gesellschaft Springer Fachmedien Wiesbaden GmbH und ist ein Teil von Springer Nature.
Die Anschrift der Gesellschaft ist: Abraham-Lincoln-Str. 46, 65189 Wiesbaden, Germany

Was Sie in diesem *essential* finden können

- Hinweise zu Besonderheiten von Abschlussarbeiten in Organisationen
- Überblick zu Vorbereitung und Durchführung entsprechender Projekte
- Hilfestellung bei der Planung der Arbeit
- Orientierung bei der Auswahl von Forschungsmethoden
- Informationen zur Gestaltung einer wissenschaftlichen Arbeit

Vorwort

Bücher zu Abschlussarbeiten[1] gibt es viele und Informationen zu Arbeiten in Organisationen werden darin, wenn überhaupt, meist knapp und allgemein betrachtet. Generell sind Abschlussarbeiten mit einem betrieblichen Bezug bei Studierenden offenbar sehr beliebt. Damit verbundene Praktika und Werkstudentenjobs gibt es in den meisten Organisationen mit der Option, die eigene Abschlussarbeit zu schreiben. Die Abschlussarbeit in einem Unternehmen, einer sozialen Einrichtung oder einer Behörde weist Besonderheiten der Bearbeitung auf, die mit dem vorliegenden Text knapp skizziert werden sollen. Der Leitfaden kann für diverse Studiengänge aller Hochschultypen genutzt werden und eignet sich gleichermaßen sowohl für Absolventen grundständiger als auch dualer und weiterbildender Studiengänge.

Ansatz unserer Einführung ist es, aus der Forschungs-, Betreuungs- und Lehrpraxis einige Impulse zu bieten. Natürlich ist das Unterfangen gewagt, studienspezifische Besonderheiten von Betriebswirten[2], Ingenieuren, Pädagogen oder Soziologen unter einen Hut zu bekommen. Mit dem Studienfach gehen einige Differenzierungen betreffend der Sicht auf Organisationen einher. Wir werden auf Unterschiede hinweisen, wollen aber auch die Gemeinsamkeiten betrieblicher Qualifikationsarbeiten herausstellen.

---

[1]Die Einführung betrifft in Organisationen erstellte Abschlussarbeiten sowie Projektarbeiten sonstiger Art. Wir meinen im Folgenden jede Form einer praktischen bzw. praxisnahen betrieblichen Studienarbeit; kurz gesagt also alle organisatorischen Praktika mit dem Auftrag einer eigenständigen Untersuchung/Prüfungsleistung.

[2]Im Sinne der Schriftökonomie wird auf eine gesonderte Geschlechtsmarkierung verzichtet. Neben neutralen Formulierungen (z. B. Studierende) wird das gen. Maskulinum verwendet, das Frau und Mann zugleich kennzeichnet.

Das *essential* soll dem Umstand Rechnung tragen, dass für einen Großteil von Studierenden eine längere praktische Arbeits- und Studienphase außerhalb der Hochschule relativ neue Erfahrungen mit sich bringt. Die Autoren sind Organisations- und Sozialforscher, die sich mit Entscheidungsbildung, Verhalten und Veränderung befassen. Der knappe Abriss ist somit das komprimierte Ergebnis eigener Untersuchungen und Beratungen in Unternehmen, Behörden und Verbänden sowie der Betreuung von und des Austauschs mit Studierenden.

Wie der Text zum Einsatz kommt, bleibt den Lesern überlassen; etwa als Begleitlektüre für Abschlusskolloquien oder zum Nachschlagen. Er ist nicht als „Richtlinie", sondern als Angebot zur Orientierung zu verstehen. Schließlich geht es darum, Interesse für die spannende und überraschende Vielfalt dessen zu wecken oder zu bestärken, was wir tagtäglich selbstverständlich „Organisation" nennen. Für die 2. Auflage wurden einige Änderungen, Ergänzungen und Korrekturen vorgenommen. Für Rückmeldungen stehen die Autoren weiterhin gern zur Verfügung.

Hamburg   Marcel Schütz
Oldenburg   Heinke Röbken
Januar 2020

Inhaltsverzeichnis

Der Weg zur Abschlussarbeit und in die Organisation

Auf einen Blick

- Betriebliche Abschlussarbeiten werden in **diversen Studienspezialisierungen** der Sozial- und Wirtschaftswissenschaften angefertigt.
- Es können **ökonomische** (Unternehmenspraxis), **soziologische** (Gesellschaft), **psychologische** und **pädagogische** (Verhalten, Bildung und Erziehung) sowie **technische** (Bau- und Ingenieurwesen) Aspekte im Mittelpunkt der Arbeit stehen.
- Organisatorische Analysen im Rahmen von Abschlussarbeiten beziehen sich häufig auf die **Zwecke**, die **Hierarchie** oder **Mitgliedschaften/Personalverhältnisse** – also die klassischen Merkmale jeder Organisation.
- Es gelten die **üblichen Erwartungen** bzw. Standards wie für jede wissenschaftliche Abschlussarbeit.
- Während der Erarbeitung kommen **unterschiedliche Begleit- und Betreuungsformen** zustande. Es ist darauf zu achten, sich auch sozial in die betriebliche Ordnung einfügen zu können und zugleich **angemessene Distanz** zu wahren. Zu **unterscheiden** ist zwischen der internen Selbstbeschreibung des Betriebs und jener beim Abfassen der Abschlussarbeit.
- Es wird empfohlen, sich zu Beginn bzw. während der Abschlussarbeit mit **Literatur zur jeweiligen Organisationsform** vertraut zu machen. Aufschlussreiche Quellen bietet die **Organisationswissenschaft.**
- Es stehen verschiedene **Bewerbungs- und Kontaktformen** zur Verfügung, ferner sind **Vertrags- und Vergütungsbedingungen** zu beachten.

M. Schütz und H. Röbken, *Projekt- und Abschlussarbeiten in Organisationen,* essentials, https://doi.org/10.1007/978-3-658-29311-6_1

1.1   Betriebliche Abschlussarbeiten

Diplom-, Bachelor- und Masterarbeiten in Unternehmen oder sonstigen Einrichtungen werden auch als „externe Abschlussarbeiten" bezeichnet. Allerdings ist diese Einordnung missverständlich, denn schließlich gelten hier Maßstäbe wie für jede andere Abschlussarbeit. Extern ist die Arbeit dann allenfalls im (buchstäblich) „organisatorischen" Sinne.[1]

In Studiengängen, die in irgendeiner Form mit Organisationen zu tun haben, liegt es nahe, dass ein größerer Teil der Studierenden Abschlussarbeiten bevorzugt mit einem Bezug zur beruflichen Praxis schreiben möchte. Betriebswirte und Ingenieure haben insbesondere Unternehmen im Blick, Pädagogen Bildungseinrichtungen. Psychologen und Soziologen interessieren sich für eine große Bandbreite an Organisationen, da sie mit recht breit adressierten Fragestellungen viele Anschlussmöglichkeiten finden.

Wie kommt es zur Beliebtheit betrieblich „angebundener" Abschlussarbeiten? Zum einen ist die Abschlussphase für Studierende ein ausgesprochen relevantes Ereignis. Immerhin erfolgt hier die eigenständige und größere Studienarbeit, mit der ein erster oder höherer akademischer Grad angestrebt wird. Zum anderen wird mit einer Arbeit in Organisationen ein gewisser „Ausbruch" aus dem bereits bekannten Umfeld gewagt. Und nicht zuletzt wittern viele Absolventen dank dieser Wege potenzielle Kontakte zu Arbeitgebern für die Zeit nach dem Studium.

Auch wenn akademische Qualifikationsarbeiten nicht primär dazu vorgesehen sind, berufliches „Networking" und damit Investitionen in die existenzielle Zukunft zu tätigen, ist anzuerkennen, dass Abschlussarbeiten für individuelle Karriereabsichten in den vergangenen Jahren an Bedeutung gewonnen haben. Ersichtlich ist auch, in welchem Maße das „Hochschulmarketing" der Arbeitgeber für viele Studierende ein wichtiges Thema darstellt.

---

[1]Wir sprechen im Weiteren auch von „betrieblichen Abschlussarbeiten". Im gängigen Sprachgebrauch sind damit sämtliche Organisationen gemeint und nicht etwa nur Unternehmen. Jede Form der Arbeitsorganisation ist zugleich auch Betrieb. Dies gilt gleichermaßen für Krankenhäuser, Schulen, Behörden, Kirchen oder Unternehmen. Ein Betrieb bietet Dienstleistungen oder Produkte und er beruht auf Mitgliedschaften in Form von Arbeitsverhältnissen oder zumindest Mitgliedschaften auf der Basis von Interessen, Neigungen, Anschauungen (Vereine, Verbände, Parteien). Neben Mitgliedschaften bilden Zwecke und Hierarchie bzw. instanzenförmige Struktur weitere organisationale Bestimmungsmerkmale.

Natürlich birgt eine Gesellschaft mit so vielen verschiedenen Organisationen[2] gerade für Berufsanfänger viele Reize. Organisationen sind sozial omnipräsent und kaum eine fachliche Spezialisierung ist heute noch außerhalb der Vergemeinschaftungs- und Zweckerfüllungsform Organisation denkbar. Schließlich mündet jede Selbstständigkeit über kurz oder lang wieder in Organisationsformen.

Bei aller Praxisnähe und -relevanz betrieblicher Arbeiten ist zu sehen, dass Qualifikationsschriften in erster Linie der Wissenschaft dienen. Eine „praktisch" gelagerte Arbeit kann also nicht in der Form verstanden werden, dass damit Abstriche im wissenschaftlichen Anspruch einhergehen (dürften). Mag die „Praxis" der „praktischen" Abschlussarbeiten gelegentlich anderes wahrscheinlich machen, halten wir in dieser Einführung einen Wissenschaftsanspruch (eigenständige Er- bzw. Verarbeitung von Theorie und Empirie) für unabdingbar.

Die gelegentlich anzutreffende Auffassung, Arbeiten in Organisationen ließen sich leichter mit einem sparsam gebrauchten wissenschaftlichen Stil vereinbaren, sollte frühzeitig verworfen werden. Sie ist ein Mythos und kann nur mit der Absicht einhergehen, von vornherein mit „schlankem Fuß" ein als lästig empfundenes „Übel" hinter sich bringen zu wollen. Weder Organisationen außerhalb der Wissenschaft noch Hochschulen und ihre Absolventen selbst werden davon profitieren.

Betriebliche Arbeiten sind daher ohne Abstriche Abschlussarbeiten gewohnter Art. Sie begründen keine Sonderform, keine Zugeständnisse bei den Forschungsstandards oder in der Redlichkeit. Dies heißt keineswegs, dass Anpassungen hinsichtlich der jeweiligen Leserschaft, der Themengestaltung und etwaiger „Nebenprodukte" der eigenen Untersuchung nicht erforderlich oder wünschenswert sind. Eben darum lohnt es, Besonderheiten betrieblicher Abschlussarbeiten näher zu betrachten.

---

[2]Der Soziologe Uwe Schimank beschreibt es gar so: „Erst die moderne Gesellschaft ist wahrhaft eine Organisationsgesellschaft. Unternehmen, staatliche Verwaltungen, Schulen und Hochschulen, Krankenhäuser, Gerichte, Forschungsinstitute, das Militär, Kirchen, Museen, Zeitungen, Fernsehsender, politische Parteien, Verbände, Genossenschaften, Vereine. Diese Auflistung ist auch ohne Bemühen um Vollständigkeit schlagend." (2001, S. 278).

1.2   Allgemeine Aspekte

Betriebliche Arbeiten lassen sich zunächst nach jeweiligen Organisationstypen (Unternehmen, Behörde, Verein etc.), nach ihrer Thematik (Prüfung eines Verfahrens, Platzierung eines Produktes, Marktanalyse, Implementierung von Software etc.) oder nach der gewählten Forschungsmethodik unterscheiden.

Wie für jede wissenschaftliche Arbeit sind theoretische und empirische „Sättigungen", also die produktive Umsetzung wissenschaftlicher Information, unverzichtbar. Zugang zu Ressourcen bieten die gängigen Angebote der Bibliotheken oder der fachspezifischen Medien. Erste Besonderheiten ergeben sich beim Zugriff auf betriebsinterne Informationen und „graue Literatur". Diese umfasst Dokumente, die nur einer begrenzten (internen) Öffentlichkeit zur Verfügung stehen.

Für werdende Absolventen, die sich für eine Arbeit in einer Organisation entscheiden, ergibt sich ein gewisser Spagat zwischen Hochschule und Betrieb. Betriebsseitig ist mit Fragen, Wünschen und Zielsetzungen zu rechnen, die auf eine wie auch immer geartete Verwertbarkeit der Abschlussarbeit sowie der damit verbundenen Tätigkeit im jeweiligen Betrieb abzielen. Mit Blick auf das Hochschulumfeld werden über Studienordnungen, begleitende Kolloquien, Prüfer und wissenschaftliche Standards ebenfalls Erwartungshaltungen an Studierende adressiert. Die Leistung soll sich nach wissenschaftlichen Kriterien als „vernünftig" und „angemessen" erweisen, wobei sich die jeweiligen Bewertungsmuster von Fach zu Fach unterscheiden können. Dies erschwert die Berechenbarkeit aufseiten des Betriebs hinsichtlich Studierenden, Fächern und Themensetzungen. Der Betrieb, der Zugang zu den Interna gestattet, kann nicht mit Sicherheit davon ausgehen, dass beabsichtigte Ziele einer solchen Kooperation tatsächlich erreicht werden.

Insofern können Qualitätsansprüche vonseiten der Organisation und jener der Wissenschaft divergieren. Von Anbeginn ist für angehende Absolventen die Herausforderung zu meistern, sich über etwaige Diskussionspunkte Klarheit zu verschaffen und jeweilige Anspruchsgruppen mit angepasster Kommunikation zu bedienen. Letztendlich liegt, nach unserer Erfahrung, viel an plausibler Argumentation.

Wird ignoriert, dass man zwei sehr verschiedenen Arbeitsbereichen gerecht zu werden versucht, können sich unerwünschte Extremfälle einstellen. Ein Extremfall wäre es, ohne Rücksicht auf wissenschaftliche Standards eine zwar hervorragende Betriebsstudie abzuliefern, die man aber vonseiten der Prüfer nachteilig beurteilen müsste. Sicher wäre es ein nicht minder unerwünschtes Extrem, eine Arbeit zu verfassen, die in Gänze ohne Rücksicht auf jene Organisation erfolgte, welche immerhin eigene Ressourcen für eine solche Arbeit zur Verfügung gestellt hat. Entsprechende Akteure dort könnten sich „ausgenutzt" sehen und womöglich Ressentiments gegenüber künftigen Forschungsinteressenten entwickeln. Ein verständliches Anliegen wird es daher sein, gemeinsamen Nutzen nicht nur mit Worten zu beschwören, sondern auch die dazu erforderlichen oder beabsichtigten Gestaltungsmaßnahmen bzw. Arbeitsprodukte abzustimmen.

Sehr beliebt ist es, sich an „Best Practice"-Ansätzen zu orientieren, denen bisweilen ein pauschal-positives Image anhaftet, sich auf erwiesene Erfolgsfaktoren zu stützen. Studierende und Organisationen sehen darin einen Weg, möglichst „auf Nummer sicher" zu gehen. Allerdings ist aus der Forschung bekannt, dass derartige Übereinstimmungen in den Vorstellungen und Schlussfolgerungen von Praxis und Wissenschaft nur mit Zugeständnissen und Verkürzungen zu gewinnen sind (vgl. Kieser und Nicolai 2002). Ein Grund dafür ist, dass Organisationen hinsichtlich der Praktiken, die in ihnen geschehen, tendenziell unberechenbar bleiben. Eine gestern noch groß angekündigte Markteinführung, für die eine Studie in Auftrag gegeben wird, kann binnen kurzer Zeit wieder ad acta gelegt sein. Auch agieren Organisationen zu widersprüchlich und unterschiedlich von ihrer Umwelt motiviert, um sie in einer relativ kurzfristig angelegten wissenschaftlichen Beobachtung eindeutig und stabil zu charakterisieren.

Ein anderes Problem bergen die vielen, aus der Sicht von Praktikern pedantisch erscheinenden wissenschaftlichen Interessen in Forschungsprojekten, die sich mit präzisen betrieblichen Erwartungen nicht immer auf Anhieb vereinbaren lassen. Statt, in aller Munde, von „Best Practices" zu reden, erscheint es uns angemessener, „Möglichkeitsräume" zu skizzieren und verschiedene Wege aufzuzeigen. Für Patentrezepte können Wissenschaftler kaum einen Nachweis liefern. Zu große Versprechungen erzeugen Enttäuschungen.

Im betrieblichen Alltag spiegelt sich diese Haltung auch ganz konkret wider. Denn in Unternehmen und Verwaltungen wird fortlaufend unter Bedingungen der Ungewissheit bzw. unvollständiger Informationen entschieden. Die Fachwelt spricht von der „bounded rationality". Managemententscheidungen sind nur in der Logik abstrahierter Lehrbücher zielgenau durchdachte Maßnahmen der Steuerung. Die Realität zeigt sich auch mal chaotischer, beliebiger und zuweilen sogar tendenziell ergebnisoffen. Verschiedene Opportunitäten sind gegenüber jeweiligen Risiken und Nebenwirkungen abzuwägen. Jede Entscheidung gründet auf vorherigen Entscheidungen und zugleich neuen, zumindest anderen Bedingungen, die wiederum andere Ermessensspielräume befördern. Dies kann dazu führen, dass nicht unbedingt Lösungen für Probleme entwickelt, sondern für bestehende Lösungen bereits vorhandene Probleme gefunden werden, wie das berühmte „Garbage-Can-Modell" zur Entscheidungsbildung in Organisationen nahelegt (Cohen et al. 1972).

In der Praxis betrieblicher Abschlussarbeiten kann man beobachten, dass aus wissenschaftlicher Sicht selbstverständlich erscheinende Befunde von nur begrenztem Erkenntniswert in den Augen der Organisation bedeutsame Informationen darstellen. Dies zeigt, wie verschieden die Wertmaßstäbe angesetzt werden. Für Praktiker können relativ „einfache" Ergebnisse einer Arbeit als willkommene Basis für das Vorantreiben neuer Projekte und zu deren Legitimation dienen. Maßgeblich ist, was den Anforderungen vor Ort nützt, unabhängig von wissenschaftlicher Relevanz. Die Ansprüche an Erkenntniswert und Ergebnispräsentation können sich zwischen Forschung und Betrieb also deutlich unterscheiden. Dieses Wissen lohnt es bei der Arbeitserstellung zu nutzen. Denn Erwartungsdivergenz kann sozusagen als strategischer Vorteil betrachtet werden. Im Vorfeld kann man neben der Erarbeitung wissenschaftlicher Fragen den Fokus auf betriebliche und adressatenspezifische Erwartungen lenken. Schon im Unterton von Gesprächen mit Betreuern in einer ausgewählten Organisation lassen sich Bedarfe, Wünsche und Neigungen identifizieren, die in einer rein wissenschaftlichen Betrachtung womöglich nicht in den Sinn gekommen wären. Hier können Forscher sehr oft ein Stück weit die Anliegen der anderen Seite antizipieren. Nach unserer Erfahrung muss der Moment kommen, dass der „Funke überspringt" und eine Win-Win-Situation angenommen wird. Gelegentlich bieten Veränderungsprozesse eine sehr geeignete Möglichkeit für eigene Forschungsarbeit. So haben wir z. B. während organisatorischer Reformen und Transformationen im schulischen und kirchlichen Bereich unsere Forschungen anbinden können (siehe Röbken und Schütz 2019). Hier sind Organisationen zuweilen an einer Sicht „von außen" bzw. unbefangener Betrachtung interessiert.

In diesem kleinen Buch zu Abschlussarbeiten haben wir einen organisationsanalytisch orientierten Ansatz gewählt. Dies soll nicht bedeuten, dass darin der einzig legitime Blick auf ein Betriebspraktikum bestehen kann. Vielmehr wird im Text für eine organisationale Perspektive geworben, die schwerpunktmäßig auf typisch zu erwartende Abläufe und Praktiken in Betrieben ausgerichtet ist.

Wir wissen, dass viele Studierende mit ihrer Abschlussarbeit Motive hinsichtlich längerer Präsenz im Betrieb verbinden oder zumindest einen guten Eindruck hinterlassen wollen. Dazu kann die Einführung womöglich etwas Unterstützung bieten. Dennoch betrachten wir die Empfehlungen als Einladung in ein Organisationspraktikum für ambitionierte Studierende, die sich mit der wissenschaftlichen Gründlichkeit ihrer Arbeit auseinandersetzen wollen.

Bei Bewerbungen in den ersten Berufsjahren kann erfahrungsgemäß eine anspruchsvolle Arbeit bei einem Unternehmen oder einer Verwaltung im Lebenslauf hervorragen. Natürlich ist damit nur ein erster Schritt gemacht. Abschlussarbeiten „in der Praxis" adeln nicht den Lehramtsstudierenden zum didaktischen Profi oder den Betriebswirten zum erfolgreichen Manager. Es geht darum, sich die ersten „Sporen" zu verdienen.

Abschlussarbeiten unterscheiden sich quantitativ und qualitativ im Blick auf die benötigte Bearbeitungszeit, die erforderliche fachliche „Investition", die Ansprüche an die Originalität und die erwartete Komplexität der wissenschaftlichen Analyse. Schon vor ihrer Abschlussarbeit kommen die meisten Studierenden über Seminararbeiten mit wissenschaftlichen Methoden in Berührung. Hervorgegangen aus dem akademischem Fachaufsatz stellen studienbegleitende Textarbeiten eine bedeutende Einübung des wissenschaftlichen Schreibens dar (vgl. Kühl 2015).

Auch bedeuten wissenschaftliche Arbeiten in der betrieblichen Praxis ein Kontrastprogramm zu rhetorischen Floskeln und Plattitüden, die zunächst auf der „Schauseite" von Organisationen eine große Rolle spielen. Botschaften wie „Wir kommunizieren immer authentisch" oder „Wir leben Teamarbeit aktiv" können sich beim Praktikum als, wie zu erwarten, leicht beschönigte Darstellung erweisen. Sorgsame Schreiber wissenschaftlicher Arbeiten werden darauf achten, sich nicht von den Werbeslogans ihrer beobachteten Organisationen blenden zu lassen. Dennoch gilt es, so unsere Auffassung, den Selbstpräsentationen der Organisationen mit freundlicher Zurückhaltung zu begegnen. Dies bedeutet, dass man Belustigung oder direkte Kritik meidet. Jeder Forscher darf sich seine Gedanken machen und Meinung bilden. Aber es nicht Teil der Rolle, das beobachtete Feld zu belehren. Zu bedenken ist: Als Forscher sind wir nur Besucher bzw. Gäste und keine Mitglieder.

Einige Herangehensweisen dürften diesbezüglich ratsam erscheinen. So etwa:

- Zurückhaltung bei vorschnellen Rückschlüssen auf der Basis äußerlicher Darstellungsweisen
- Akzeptanz gegenüber alternativen Argumentationen bzw. Deutungen von Verhaltensweisen
- Widersprüche innerhalb der Arbeitsabläufe entdecken, sie dann auch sorgsam beschreiben
- Hinterfragen scheinbar selbstverständlicher Behauptungen, ohne persönlich zu kritisieren
- Konfrontation interner Quellen mit wissenschaftlichen Befunden, aber nicht „persönlich" werden

Je mehr bestimmte betriebliche Anliegen auch um ein wissenschaftliches Profil bzw. Interesse ergänzt werden, desto gründlicher wird die gedankliche Durchdringung eines Themas gelingen und umso eher kann behauptet werden, sich in wissenschaftlicher und betrieblicher Sicht einem Thema fundiert zu widmen. Spätestens wenn bestimmte Erkenntniswege ausgeklammert werden oder die Ergebnisse der Arbeit eigentlich schon von vornherein feststehen (und man nur noch als jemand gebraucht wird, der dem Ganzen einen wissenschaftlichen „Touch" verleiht), kann nicht mehr ernsthaft von unabhängiger und selbstständiger wissenschaftlicher Arbeit gesprochen werden.

Etwaige Arbeitsanforderungen, die Erkenntnisse als „gesetzt" bestimmen und nur den betrieblichen Interessen dienliche Analysewege zulassen, müssen nicht akzeptiert werden. Sie bedeuten für den Absolventen ein größeres Risiko als für die Organisation. Aus wissenschaftlicher Sicht erscheint es angemessen, solche Aufträge abzulehnen, bei denen letzte Entscheidungen über Methodik und Ergebnisdarstellung nicht beim Schreiber der Arbeit liegen, sondern von der Organisation zensiert werden. Unsere Empfehlung ist es, klarzustellen, dass die Präsentation der Ergebnisse nicht zugleich ihre Bewertung beinhaltet. Was die Organisation aus den Ergebnissen (nicht) ableitet bzw. interpretiert, ist Sache der Organisation. Hier endet die Zuständigkeit der Forschung.

1.3   Bewerbungswege und organisatorischer Rahmen

Ausschreibungen im Internet
Online-Stellenbörsen stellen heute einen beliebten Weg für Bewerbungen auf Abschlusspraktika dar. In Zeiten der Printmedien waren Angebote seltener und beinahe nur über zufällige Kontaktanlässe oder mit Anfragen „auf gut Glück" zu finden. Größere Organisationen bieten Abschlussarbeiten heute regelmäßig an und binden sie in systematische Betreuungsprogramme ein. Dauer und Ablauf der Bearbeitung im Betrieb können vorgegeben sein.

Initiativbewerbung
Weitaus weniger formalisiert sind Abschlussarbeiten, die auf Initiative von Studierenden selbst zurückgehen. In diesen Fällen lohnt zuvor der Blick auf die Stellenwebsites des Betriebs, um Informationen zu etwaigen Angeboten zu recherchieren oder aber mögliche Hinweise zur Initiativbewerbung zu beachten. Zahlreiche Organisationen bieten die Option der Abschlussarbeit an. Frühzeitige Recherche ist ratsam.

Kontakte und Kooperationen zwischen Hochschulen und Betrieben
Eine weitere Möglichkeit besteht in der Vermittlung von Abschlussarbeiten über Kooperationen zwischen Hochschulen und Betrieben, direkt über Dozenten oder Fachbereiche. Gerade an Fach-, privaten und dualen Hochschulen können enge Kontakte zwischen Unternehmen und Dozenten üblich sein. In manchen Fächern und Hochschulen ist sogar eine direkte Vermittlung regelmäßig für alle Absolventen vorgesehen. Insbesondere an Fachhochschulen und in manchen universitären, anwendungsnahen Fachbereichen sind Forschungsvorhaben zuweilen mit studentischen Fallstudien verknüpft.

Berufsmessen
Zugenommen hat die Bedeutung von Job- und Karrieremessen an den Hochschulen und vonseiten der Arbeitgeber (sog. Hochschulmarketing/Employer Branding). Hier werden rasche Kontaktwege nachgefragt. Das direkte Gespräch am Messestand eines Arbeitgebers kann helfen, einen positiven Eindruck zu hinterlassen und sich mit den Beratern der Betriebe auszutauschen. Natürlich können auch direkt Bewerbungen abgegeben werden.

Fortsetzung im Rahmen bestehender Praktika
Eine komfortable Option besteht für Studierende, die über Praktika oder Werkstudententätigkeiten in Betrieben tätig sind. Da man bereits einen „Fuß in der Tür" hat, ist es nicht schwierig, mit etwas Überzeugungskunst Betreuer zu finden, die die Abschlussarbeit im Betrieb unterstützen. Erfahrungsgemäß ist es mit dieser Variante auch leichter möglich, „unbürokratisch" eine entsprechende Arbeit zu beginnen. Da die Personen bereits bekannt sind, hat man auch eher Chancen, als „richtiger" Mitarbeiter gelten zu dürfen. Was einen Vorteil für kollegiale Beziehungen darstellt, kann jedoch einen Nachteil für die eigene Forschung bedeuten, wenn kritische Aspekte aus Rücksichtnahme unbearbeitet bleiben. Vorteilhaft sind jedenfalls die regelmäßig niedrigeren Barrieren hinsichtlich des Zugangs zu Personen und Daten bei zugleich erster Vertrautheit mit den Spielregeln vor Ort. Wer bereits das „Hintergrundrauschen" und die leisen „Zwischentöne" in einem Betrieb kennengelernt hat, bekommt dadurch die Gelegenheit, soziale Dynamiken leichter einzuordnen.

Stipendien
Stipendien sind finanzielle Unterstützungsleistungen, die im akademischen Umfeld zu den begehrtesten Fördermodellen zählen. Für eine festgelegte Zeit wird monatlich oder per Quartal ein Betrag zur Deckung der Lebenshaltungskosten oder sonstiger Kosten gewährt. Daneben existieren häufig ideelle

Förderungen (soziale Vernetzung und Bildungsangebote). Im hochschulischen Bereich sind Stipendien, die für herausragende akademische Befähigung bzw. Leistung gewährt werden, ein Instrument der Begabtenförderung. Neben den klassischen großen Begabtenförderwerken, die politischer, kirchlicher oder weltanschaulich-neutraler Art sind, bestehen an Hochschulen regionale Förderangebote. Darunter befinden sich auch solche, die speziell auf die Abschlussphase zugeschnitten sind. Auch der Staat selbst (sog. Deutschlandstipendium), Unternehmen und Verbände initiieren bzw. organisieren Stipendien. Eine Übersicht bietet das Bundesbildungsministerium: https://stipendienlotse.de. Eine Reihe klassischer Stipendien werden über das ganze Studium hinweg gewährt. Wir empfehlen, sich zeitig zu informierten, insbesondere, wenn ggf. noch eine Promotionsphase (Doktorarbeit) vorgesehen ist. Mit einem Stipendium können sich größere Entlastungen ergeben.

Duales Studium

Duale Studiengänge werden an privaten Hochschulen und an Berufsakademien angeboten. Entsprechend verschieden sind die Regularien für Abschlussphase und Qualifikationsarbeiten. Die Studierenden finanzieren sich im dualen Studienkonzept regulär über ihre Ausbildung oder im Rahmen einer betrieblichen Weiterbildung (bspw. MBA-Studien) bei fortlaufender Berufstätigkeit. Da die Studienanteile stark betriebspraktisch geprägt sind, bestehen naturgemäß leichtere Zugänge zu einem Praxisfeld für die Abschlussarbeit, die im Ausbildungsbetrieb geschrieben werden kann und bzw. hier regulär geschrieben werden soll.

Bewerbungsweg

Dort, wo keine Option besteht, direkte Kontakte in Anspruch zu nehmen, empfiehlt es sich, offizielle Ansprechpartner bei Betrieben zu kontaktieren; üblicherweise direkt bei der Personalabteilung, die im Internet über Adressdaten kontaktiert werden kann. In kleineren und behördlichen Einrichtungen muss ggf. der Weg über Sekretariate oder Poststellen gewählt werden, in der Hoffnung, an verantwortliche Personen zu gelangen. Die Praxis zeigt allerdings, dass nicht wenige Anfragen schon deshalb erfolglos bleiben, da die Informationen schlicht nicht dort hingelangen, wo kompetente Ansprechpartner entscheiden könnten. Auch ist ein gewisses Wohlwollen des Ansprechpartners erforderlich. Das Interesse kann sofort vorhanden sein oder überhaupt nicht bestehen. Es kommt auf die Personen an. „Mal so, mal so", mag eine einfache, aber eben lebensnahe Erfahrung sein.

Ist eine Kontaktperson gefunden, kommt es im Idealfall zu einer Kurzbewerbung oder einem ersten Gespräch. Sehr zu empfehlen ist es, nicht wahllos

Anfragen mit kompletten Unterlagen an mehrere Organisationen zu senden. Bei positiver Rückmeldung ist ein Exposé zu empfehlen, in dem skizzenhafte Ideen zu Thema und Umsetzung dargestellt sind. Erfahrungsgemäß können die ersten Informationen knapp bleiben, um tatsächliches Interesse erst einmal zu testen. Die Sprache bleibt hier im besten Falle einfach, korrekt und präzise. Insbesondere sollte Interesse geweckt werden: durch ein paar Hinweise bezüglich Nutzen bzw. Anschlussmöglichkeiten. Im Vorfeld ist auch zu klären, ob das Arbeitsthema wirklich durch entsprechende Ressorts in der Organisation abgedeckt werden kann. Viele kleinere Einrichtungen haben nicht die Struktur eines großen Unternehmens und können insofern nicht jedes Studiengebiet bedienen. Es dürfte als bewährt gelten, anhand der eigenen fachlichen Thematik nach der passenden Organisation zu suchen; es sei denn, die thematischen Möglichkeiten sind so offen gehalten, dass sich sehr verschiedene Einrichtungen anbieten.

In Zeiten hoher Standardisierung von Studiengängen sind frühzeitig hochschulspezifische Regularien zu beobachten. Nicht einmal innerhalb einzelner Fächer gibt es einheitliche Bestimmungen über die Gestaltung von Abschlussarbeiten. Wichtig erscheint es daher, zu prüfen, welche Module studiert wurden, welche Anzahl an Kreditpunkten vor der Abschlussarbeit erreicht sein muss, welche Begleitveranstaltungen zu belegen sind und wie lange die Bearbeitungszeit angesetzt ist.

Der Weg zu Betreuern und Themen ist in vielen Fächern keine selbstverständliche Privatsache. Mancherorts werden Themen ausgegeben bzw. nach einem bestimmten Verfahren verteilt, andernorts können werdende Absolventen nicht nur nach eigenen Interessen wählen, sondern müssen fachliche Inhalte berücksichtigen. Dementsprechend fällt auch die Absprache bezüglich einer Arbeit in Organisationen sehr verschieden aus. Vom wissenschaftlichen Standpunkt gesehen, kann der individuelle Spielraum für eine maximal selbstständige und nach persönlichen Interessen gewählte Themenstellung ruhig ausgiebig genutzt werden; sich die Arbeitsthemen – wie mancherorts nicht unüblich – bequem vom Professor vorgeben zu lassen, ist nur auf den ersten Blick eine besonders angenehme Sache. Immerhin muss auch noch das Interesse für das Thema stimmen. Leicht an ein Thema „herangekommen" zu sein, kann auch zu verminderter Motivation führen und späterem Ärger, weil die Erwartungshaltungen auseinanderliegen.

Sofern offizielle Bestätigungen einer Betreuung durch Dozenten erforderlich werden, sind diese so schnell wie möglich einzuholen. Eine offizielle Betreuungsbestätigung kann im Betrieb die Motivation erhöhen, eine Abschlussarbeit zu unterstützen. Mitunter wird schon in Ausschreibungen darauf hingewiesen, dass Bewerber eine Betreuungsoption arrangieren und nachweisen sollen.

Vertrag und Vergütung

Erfolgt eine Anstellung im Rahmen eines vergüteten Praktikums, wird ein Vertrag aufgesetzt. Mit Einführung des Mindestlohngesetzes sind Vergütungsfragen eines Abschlusspraktikums relevant geworden. Handelt es sich um ein Pflichtpraktikum zu Ausbildungszwecken, entfallen Lohnansprüche. In anderen Fällen können Mindestlöhne anfallen. Die geltende Rechtslage erfordert genaue Prüfung. Dort, wo eine Pflichttätigkeit besteht, wird im Regelfall ohnehin eine duale Beschäftigung vorliegen, die als Ausbildungsphase vergütet wird. Eine rechtliche Beratung ist unter Umständen zu empfehlen.

Ob die Abschlussarbeit mit einer eigens dafür gewährten Vergütung einhergeht, wird in der Praxis sehr unterschiedlich gehandhabt. Größere Unternehmen prämieren Abschlussarbeiten mitunter, in kleineren Einrichtungen wird man eher auf indirekte und immaterielle Anerkennungen antreffen. Nicht unüblich ist es, dass der erfolgreiche Abschluss der Arbeit mit einem Eintritt ins Unternehmen „belohnt" wird. Dies dürfte bisweilen leichter in kleineren als größeren Betrieben zu bewerkstelligen sein.

In vielen Unternehmen ist es gängig, Abschlussarbeiten in bestehende Praktika oder Werkstudenten-Jobs zu integrieren. Zumindest ist dies üblich, wenn Studierende bereits in der Organisation beschäftigt sind und nahtlos in die Abschlussphase wechseln. In anderen Fällen ist auch ein Werkvertrag möglich, der die genauen Bestandteile der Leistung für das Unternehmen regelt. Es liegt auf der Hand, dass eine so gestaltete Arbeit einen hohen Standardisierungsgrad aufweisen kann. Es ist bekannt, dass eine Reihe von Studierenden viel Vorstrukturierung gerade deshalb schätzen, um sich frühzeitig abzusichern und eine genaue Planung vor Augen zu haben. Dies entspricht zwar nicht immer den idealen freigeistigen Ansprüchen an selbstständige wissenschaftliche Arbeit, ist aber als gängige Praxis zu konstatieren.

Auf einen Blick

- Einer betrieblichen Abschlussarbeit können vielfältige **Schreib- bzw. Themenanlässe** zugrunde liegen. Zu unterscheiden ist u. a. zwischen Vergleichen, Wirksamkeitsanalysen, Implementierungen und konzeptionellen Darstellungen.
- Die Arbeit steht vielfach mit **Ansprüchen bzw. Interessen der Organisation** in Verbindung. Maßgeblich sind aus akademischer Sicht (Abschluss und Zensur) die **wissenschaftlichen Methoden** und die **Unabhängigkeit** der Forschung.
- Organisationen können **Unterstützungsstrukturen** in Form von Ansprechpartnern, Ressourcen und Materialien gewähren. Es ist darauf zu achten, etwaige **Hemmungen bzw. Störungen** bei der Bereitstellung von Informationen durch Kommunikation abzubauen.
- Die **Themenstellung** wird idealerweise so gewählt, dass sie **zeitlich, methodisch** und **organisatorisch** angemessen zu bewältigen ist.
- Es kann zwischen stärker **empirischen** und stärker **theoretischen** Arbeiten unterschieden werden. Üblicherweise ergeben sich Kombinationen.
- Zu empfehlen ist auch eine **Klärung des Begriffs „Organisation"** innerhalb der Arbeit; d. h. eine qualifizierte Einordnung vor dem Hintergrund des gewählten Organisationstyps und relevanter wissenschaftlicher Literatur.
- Je nach **Fach** ergeben sich verschiedene formale und inhaltliche Prioritäten, Gestaltungsformen und Zielsetzungen. Entsprechende Erwartungen sind rechtzeitig zu klären.

2.1 Arbeitsgrundlage und Zielsetzungen

Vor jedem Abschlussprojekt eines Studiums steht die Frage der Ausrichtung der Arbeit. Vor ihrer Abschlussarbeit sprechen Studierende davon, sie wollen „etwas zu Personalmanagement" oder „im Bereich Bildung" schreiben. Mit diesen groben Ausblicken ist eine erste vage Eingrenzung getroffen, die weiterer Zuspitzung bedarf.

Schreib- und Themenanlässe
Es besteht die Möglichkeit, dass die Arbeit aus einer genuin akademischen Fragestellung hervorgeht, und zwar auf der Basis vorheriger Auseinandersetzung mit Fachliteratur, Studien und spezieller Empirie; eine weitere besteht im Fall der Auftragsforschung. Hier gibt es zumeist präzisierte Themenvorgaben. Vor allem im Bereich anwendungsorientierter Studiengänge kommt dieser Fall häufiger vor.

Typische Gestaltungsformen der Abschlussarbeit
Auch hinsichtlich der Zielvorstellung sind diverse Formen für die Abschlussarbeit denkbar, die sich nur vereinfacht und unvollständig zusammenfassen lassen:

- Wirksamkeitsanalysen: Prüfung einer Technik, Software etc.
- Analysen zum Zweck einer Verbesserung einzelner Prozesse oder Instrumente („Optimierungsstudien")
- Vergleichsarbeiten über Märkte, Verfahren etc.
- Implementierungen: Abläufe oder Techniken werden eingeführt
- Konzeptionelle Entwürfe: Skizzierung einer Vorgehensweise
- Theoretisch-empirische Studien (Literatur- und Datenbearbeitung)

Zwar sind theoretische (und empirische) Inhalte Teil jeder Form von Abschlussarbeit, doch unterscheiden sich die Gewichtungen je nach Thema und Forschungsauftrag mitunter beträchtlich. Zu vielen Themen der Bildungs-, Sozial- und Wirtschaftswissenschaften gibt es umfängliche Datenbestände, deren kritische Auswertung sogar schon den eigentlichen Aufwand einer Arbeit darstellen kann. Als „sehr wissenschaftlich" gelten bei Studierenden besonders jene Texte, die hohen Aufwand an Literatursichtung erfordern und allenfalls am Rande auch noch etwas „für die Praxis" abwerfen. Tatsächlich aber sind Kreuzungen hinsichtlich der Gestaltungswege möglich. Eine „sehr wissenschaftliche" Arbeit kann sogar unbeabsichtigt zu praktisch interessanten Einsichten führen.

Umgekehrt können Implementierungen in technisch angelegten Arbeiten eine aufwendige Datenauswertung erfordern. Die Unterscheidung von „sehr praxisnah" und „sehr wissenschaftlich" wird pauschal getroffen. Jede Arbeit ist in ihrer Ganzheit zu betrachten.

Einbindung der Arbeit in die Organisation
Vor dem Hintergrund jeweiliger Zielrichtung sind entsprechend verschiedene Einbindungen in die Organisation möglich:

- Zum einen in der Form, dass die Organisation hinsichtlich einer Wirtschaftlichkeits- oder Funktionsprüfung betrachtet werden soll;
- zum anderen als wissenschaftlich gestützter Beratungsauftrag;
- schließlich als eigenständige Untersuchung ohne praktische Vorgaben.

Die verschiedenen Ausprägungen sind erfahrungsgemäß als Kontinuum starker bis schwacher Strukturierung durch die Organisation zu sehen. So kann eine organisationstheoretische Studie zu Ergebnissen führen, die den Praktikern widersprechen oder sie provozieren. Umgekehrt kann eine im Marketing oder Controlling angelegte Arbeit das Ziel haben, den Praktikern Instrumente aufzuzeigen („an die Hand zu geben"), für welche eine bestimmte Evidenz behauptet wird. Beide Szenarien finden in der Organisation statt, jedoch jeweils auf unterschiedliche Art und Weise. Selbst besonders praktisch intendierte Arbeiten werden gerne mit statistischen Methoden angereichert und stärker theoretisch-diskursiv gestaltete Texte erhalten inzwischen häufig eine Beigabe an „umsetzungsorientierten" Hilfen. Inwieweit dies am Ende in der Praxis „zählt", ist eine andere Frage.

In manchen Fächern ist die Umsetzungsseite sehr relevant. Das gilt zum Beispiel für Lehramtsstudiengänge, in denen der Schwerpunkt besonders auf didaktischen Analysen und Modellen ihrer Anwendungsdisziplin Pädagogik liegt. Ebenso werden in betriebswirtschaftlichen Gebieten generelle kaufmännische Qualifikationen erworben, die auf breite Einsatzfähigkeit in Unternehmen zielen. In den letzten Jahren hat sich stärkere Anwendungs- und Berufsorientierung spürbar auch in anderen sozialwissenschaftlichen Studienfeldern bemerkbar gemacht. Inwiefern Hochschulen tatsächlich geeignet sind, berufspraktische Tätigkeiten in ihrer Lehre zu berücksichtigen und wie sie nachhaltig „für die Praxis" qualifizieren können, bleibt umstritten. Fest steht jedoch, dass sich dieser Trend erhöhter Berufsorientierung in der gesamten Hochschularchitektur und so auch auf die Themenwahl in den Abschlussphasen auswirkt.

Unterstützungsstrukturen

Es ist zu sehen, dass besonders „praktisch" gemeinte Arbeiten eine ausgeprägte Unterstützung durch die Organisation erfahren. In vielen Fällen ist dies verbunden mit einem eigenen Arbeitsplatz, Ressourcen und auch den vielen informellen Hilfen, z. B. Kennenlernen auskunftsfreudiger Mitarbeiter oder interessante Gespräche zwischen Tür und Flur, die Hintergrundinformationen bieten und zu Beobachtungen anregen. Zuweilen wird gerade in diesem Praxiskontakt der nächste Impuls für eine analytische Überlegung gewonnen. „Augen auf" ist hierzu eine einfache, aber treffende Faustregel. Es ist nur von Vorteil, bei den Beschäftigten im Verdacht zu stehen, einen nützlichen Beitrag liefern zu können. Damit verbunden ist nämlich die Annahme, dass der Studierende auch wirklich „richtig" arbeitet. Die wissenschaftliche Tätigkeit braucht Akzeptanz. Klugerweise kann man unerwartet in die Rolle eines kleinen „Projektleiters" schlüpfen, wird bemerkt, dass es in Organisationen vor allem zählt, klare Verantwortungen für Themen zu adressieren (jemand „hat den Hut auf"). Der Praktikant mit seiner Abschlussarbeit lässt sich für viele Beschäftigte nicht genau einordnen. Allein die Präsenz wird darauf hindeuten, dass er nicht ganz aufgabenlos ist. Diese latente Unklarheit kann man sich strategisch zunutze machen (vgl. z. B. Bachmann 2002).

Allerdings gibt es in der Organisationspraxis das Problem, dass spannende Details wie z. B. das soziale „Hintergrundrauschen", mit den vorhandenen Ressourcen einer studentischen Arbeit ab einem gewissen Grad kaum zu bewältigen sind. Je mehr die wissenschaftlichen Interessen an einer gründlichen Ausforschung angetroffener Strukturen hervortreten, desto mehr geraten auch Fragen der Vertraulichkeit in den Vordergrund. Organisationen geben nicht gern die Macht aus der Hand; am liebsten geben sie Informationen über sich weiter, die ohnehin bekannt sind oder ohne große Mühe recherchiert werden könnten. Mit „Enttarnung" können sie nachvollziehbar schlecht umgehen und schützen sich daher frühzeitig mithilfe allerlei sichtbarer (und auch weniger sichtbarer) Grenzen des Zugangs zu internen Vorgängen. Soziale „Tiefenbohrung" wird bisweilen auch gar nicht als sehr relevant für die eigene Praxis erachtet (man wünscht oft konkrete, einfache Empfehlungen), da in der Analyse sozialer Prozesse keine Optimierung, sondern eher ein akademisches Gedankenspiel gesehen wird. Auch gibt es ein Interesse daran, inoffizielle Taktiken und Kontakte im eigenen Haus diskret zu behandeln. Die Sorge gerade größerer Organisationen besteht darin, dass zwielichtige Details in die Öffentlichkeit gelangen könnten; sie rührt daher, dass man hinter vorgehaltener Hand um die Intransparenz unerwünschter personeller Aktivitäten nicht selten sogar genau Bescheid weiß und nach der Maxime verfährt, soviel wie möglich weiterhin verdeckt zu halten.

Bei größeren Forschungsarbeiten können diese Probleme gelegentlich umschifft oder doch gehemmt werden. Mit der Zeit bilden sich ergiebige Erfahrungen und Taktiken bei Wissenschaftlern heraus. Die „alten Hasen" der Forschung finden Umwege, um an Informationen zu gelangen, die für die analytische Betrachtung erforderlich sind. Und ihr Standing oder ihr Alter gegenüber Managern ist manchmal sehr von Vorteil. Dazu braucht es eine gewisse Unabhängigkeit, die für Absolventen nicht ohne Einschränkungen erwartet werden kann. In der studentischen Forschung wird man daher selbst austesten müssen, bis zu welchen Grenzen Informationen zu gewinnen sind und empirische Urteile vertretbar erscheinen, ohne sich gleich unbeliebt zu machen.

2.2   (K)eine Qual bei der Wahl: Themensuche

Die Festlegung auf ein bestimmtes Thema für die Abschlussarbeit kann – wie bereits angesprochen – auf unterschiedliche Weise erfolgen (zu den folgenden Ausführungen: Röbken 2005). Ausgangspunkt der Überlegungen sollten die eigenen Fähigkeiten und Interessen sein. Ein naheliegender Weg ist es daher, aus dem eigenen Erfahrungsschatz ein Thema zu bilden. Wenn bspw. im Studium ein Schwerpunktthema gewählt und bereits Hausarbeiten zu einem jeweiligen Fachgebiet verfasst wurden, bietet es sich an, hierauf aufzubauen. Unter diesen Umständen wird es relativ leichtfallen, in die Theorie- und Methodendiskussion einzudringen und aus den Forschungslücken, kontroversen Debatten oder Widersprüchen eine Themenstellung abzuleiten. Bei der Wahl des Themas kann letztendlich auch die spätere Berufswahl eine Rolle spielen, denn die Abschlussarbeit kann bei der Einstellungsentscheidung des zukünftigen Arbeitgebers von Bedeutung sein.

Auch über Kontakte zu anderen Personen (oder Organisationen) kann ein Thema für eine Abschlussarbeit gefunden werden. Ein Gespräch mit dem Betreuer der Arbeit ist eine wichtige Quelle für die Themenfindung. Eine weitere Hilfe bilden Abschluss- und Forschungskolloquien, in denen man sich von laufenden Untersuchungen und Arbeiten anderer Absolventen inspirieren lassen kann. Etwas aufwendiger ist der Besuch von Konferenzen und Tagungen. Hier werden aktuelle Forschungsvorhaben eines Themenfeldes vorgestellt, und es könnte sich die Möglichkeit ergeben, mit der eigenen Arbeit an eine laufende Forschungsfrage anzuknüpfen oder gar in einem bestehenden Projekt mitzuarbeiten. Bei der Anfertigung einer praxisbezogenen Arbeit in einem Betrieb ist sowohl darauf zu achten, nicht nur für praktische Hilfstätigkeiten eingespannt zu werden, als auch darauf, dass sich das Projekt auch wissenschaftlich bearbeiten lässt und methodischen Standards genügt. Es bedarf im Betrieb vielfältiger Einblicke in Abläufe, ausreichend Zeit für die Manuskripterstellung und Rücksprache mit den Experten vor Ort (vgl. Brink 2004, S. 16).

Schließlich kann über eine Literaturrecherche ein Thema generiert werden. In Zeitschriftenaufsätzen, in denen empirische Forschungsarbeiten präsentiert werden, formulieren die Autoren am Ende weiteren Forschungsbedarf, da die empirischen Ergebnisse stets Fragen offenlassen. Auch in Übersichtsartikeln, in denen der aktuelle Forschungsstand einer Disziplin dargestellt wird, finden sich mannigfaltige Anregungen. Ähnliches gilt für kürzlich erschienene Dissertations- und Habilitationsschriften.

In den abschließenden Ausführungen der jeweiligen Arbeit finden sich Kapitel wie „Ausblick" oder „zukünftiger Forschungsbedarf", auf deren Basis eine eigene Themenstellung abzuleiten ist. Es besteht natürlich auch die Möglichkeit, bei der Literaturauswertung selbst auf Widersprüche zu stoßen und diese als Anlass für eine Analyse zu nehmen. Ebenso können bestehende Studien oder Theorien auf ein anderes Themenfeld übertragen werden. So ist es möglich, dass z. B. Studien über den Handlungsspielraum von Führungspersonen in industriellen Großorganisationen (z. B. die Untersuchung von Lieberson und O'Connor 1972) als Grundlage für eine Studie zur Analyse des Handlungsspielraumes von Managern in kleinen und mittelständischen Unternehmen herangezogen werden. Oder man wählt zum Thema Manager bzw. Management als Beruf Mintzbergs (1973) berühmte Arbeitsaktivitätsstudie und entwickelt ein Untersuchungsdesign für eine Arbeitsaktivitätsstudie von Unternehmensgründern oder Unternehmensberatern. Insgesamt bieten sich schier unerschöpfliche Möglichkeiten, auf der Grundlage vorhandener Informationen eigene Forschung zu betreiben.

Überblick relevanter Aspekte für die Themenbearbeitung:

1. fachliche und methodische Präferenzen
2. organisatorische und inhaltliche Vorgaben
3. zeitliche Kapazitäten
4. Zugriff auf Vorarbeiten bzw. thematische Anschlussmöglichkeiten
5. Abschätzung der individuellen Leistungsstärke und -bereitschaft
6. wissenschaftliche Ambitionen

Auch die Abstimmung des Themas erfordert ein gewisses Maß an Planung und Koordination. Neben den üblichen Betreuern in den Hochschulen ist der Koordinationsaufwand in der Organisation zu beachten.

2.3 Empirische und theoretische Aspekte

Zu den geläufigsten Typen der Abschlussarbeit zählen die Theoriearbeit, die empirische Arbeit und die historische sowie die konzeptionelle Arbeit (zu den folgenden Ausführungen: Röbken 2005). Die Abschlussarbeit, die in einer Organisation angefertigt wird, ist in der Regel empirisch oder konzeptionell ausgerichtet. Der Vollständigkeit halber sollen alternative Herangehensweisen kurz erläutert werden. Für die Anfertigung einer empirischen Arbeit in Organisationen werden in Kap. 4 noch einmal detailliert gängige Forschungsmethoden in Organisationen vorgestellt.

Theoriearbeit

Eine theoretische Arbeit erfolgt, wenn ein abstraktes Problem behandelt werden soll. Hier könnte man sich zum Ziel setzen, verschiedene organisationstheoretische Strömungen, die bisher über mehrere Texte verstreut waren, zu systematisieren. Das wäre eine typische Übersichtsarbeit, auch „kompilatorische Arbeit" genannt (Eco 2005, S. 8). Damit wird gezeigt, dass der Absolvent von einem Großteil der Literatur auf einem bestimmten Theoriegebiet Kenntnis genommen hat. Der Schreiber wertet die wissenschaftliche Fragestellung durch die Bearbeitung der relevanten Fachliteratur aus, setzt verschiedene Positionen in Relation zueinander und gibt dem Leser einen Überblick über das betreffende Feld. Beispielhaft dafür wäre etwa eine Zusammenstellung von Ursachen für Widerstände gegen Veränderungen in Organisationen. Hierbei würden die Ursachen für Widerstände systematisiert und kontrastiert. Daraus ließen sich womöglich Folgerungen für die Art und Weise der Diskussion eines betrieblichen Problems und das Managementverhalten ableiten.

Empirische Arbeit

In einer empirischen Arbeit wird das in Bezug auf die Klärung einer Fragestellung erforderliche Datenmaterial selbst produziert bzw. gewonnen. Da bereits Zugang zur Organisation besteht, stammt das Datenmaterial mitunter direkt aus ihr. Eine eigene Erhebung ist zugleich eine besonders originelle Form wissenschaftlicher Arbeit. Sie beruht daher in der Regel auf eigenständiger Forschung, weil andere Forscher zur selben Fragestellung und in der ausgewählten Organisation noch nichts verfasst haben. Zu den üblichen Forschungsmethoden zählen die Fragebogentechnik, das Interview, die Beobachtung und die Dokumentenanalyse. Empirische Untersuchungen eignen sich, wenn z. B. die Wirksamkeit von Personalentwicklungsmaßnahmen überprüft werden soll. Weitere Beispiele wären eine Befragung von Kunden zur Zufriedenheit mit einem Produkt oder die Gruppendiskussion zwecks Analyse der Entscheidungsfindung in Organisationen.

Konzeptionelle Arbeit

Diese Art der Forschungsarbeit wird manchmal auch zu den theoretischen Arbeiten gezählt. Der Schwerpunkt liegt hier weniger auf dem Zusammentragen und kritischen Betrachten theoretischer Ansätze, sondern auf der Konzeptionierung eines Modells oder einer Methode. Diese Art der Forschung kommt in Frage, wenn bspw. ein Marketingkonzept für einen Softwarehersteller oder ein Qualitätsmanagement für ein Krankenhaus entwickelt werden soll.

Historische Arbeit

In einer historischen Arbeit erfolgt die Bearbeitung der Fragestellung, indem geschichtliche Epochen rekonstruiert oder gesellschaftliche Bewegungen, Institutionen oder individuelle Biografien nachgezeichnet werden. Historische Fragestellungen sind auch für organisationsbezogene Themen interessant. Eine historische Arbeit kommt für eine Abschlussarbeit in Organisationen dann in Betracht, wenn z. B. mittels einer Dokumentenanalyse die Entstehungsgeschichte eines Unternehmens in der Automobil-, Textil- oder Chemieindustrie untersucht werden soll.

Kombinationen

Darüber hinaus sind zahlreiche Mischformen denkbar. So lässt sich z. B. eine theoretische Arbeit verfassen und als Ergänzung noch eine empirische Untersuchung in Form einer Fallstudie in einer Organisation anfügen. Allerdings hat man sich vor Überfrachtungen zu hüten. Theoretische Arbeiten können enorm umfangreich sein und einen erheblichen Zeitaufwand erfordern. Bei der Gestaltung einer empirischen Arbeit fallen in der Regel zusätzliche Arbeitsschritte an. Dazu zählen bspw. die Entwicklung des Untersuchungsdesigns, die Auswahl der Untersuchungseinheiten, die Datenerhebung sowie die Auswertung des Materials. Zudem werden bei der Anfertigung einer empirischen Arbeit entsprechende Methodenkenntnisse vorausgesetzt. Man könnte sich möglicherweise in Umstände bringen, wenn eine empirische Arbeit beabsichtigt ist und Daten mithilfe von Interviews erhoben werden müssen, obwohl noch keine Methodenkenntnisse der qualitativen Sozialforschung erworben wurden. Ratsam ist es daher, sich frühzeitig Gedanken über das Thema der Abschlussarbeit zu machen und den Vorlauf an Zeit für den eigenen notwendigen Erwerb instrumenteller Fachkenntnisse, vor allem in Methodenfragen, abzuschätzen.

2.4   Begriff der Organisation

Der Begriff der Organisation wird im Kontext von Arbeit in Firmen oder Verwaltungen sehr unterschiedlich verwendet. Mit den Worten der Organisationstheoretiker Alfred Kieser und Peter Walgenbach bezeichnen Organisationen „soziale Gebilde, die dauerhaft ein Ziel verfolgen und eine formale Struktur aufweisen, mit deren Hilfe Aktivitäten der Mitglieder auf das verfolgte Ziel ausgerichtet werden sollen" (Kieser und Walgenbach 2010, S. 6 – im Original kursiv, MS/HR).

Wird eine bestimmte Organisation, ein einzelnes Unternehmen analysiert, oder sollen verschiedene Organisationen betrachtet werden? Geht es um eine Erforschung von Firmen, Schulen, Verwaltungen im Sinne der „ganzen" Organisation, oder stehen einzelne Instrumente und Techniken im Mittelpunkt?

Diese Abgrenzungen führen zu verschiedenen Formen des Forschungsdesigns. Zu beachten ist, dass unterschiedliche Organisationstypen (Unternehmen, Schule, Krankenhaus, Kirche, Verein etc.) mit unterschiedlichen Organisationsformen und -abläufen einhergehen und dementsprechende Besonderheiten für die Gestaltung der Abschlussarbeit ergeben.

> **Typen der Organisation (und auch in ihr…)**
> Wer sich einen soliden Begriff von „seiner" Organisation machen will, kann sich z. B. über das Handbuch Organisationstypen von Maja Apelt und Veronika Tacke (2012) informieren. Der Band umfasst für eine Vielzahl von Organisationstypen (Behörde, Unternehmen, Schule etc.) profunde Darstellungen aus organisationstheoretischer Perspektive. Einen elementaren Zugang zum Thema Organisationen bietet die sehr kurze Einführung von Stefan Kühl (2011), die gerade vor Beginn einer praktischen Phase im Betrieb zu empfehlen ist.

In den Bildungs-, Sozial- und Wirtschaftswissenschaften bestehen sehr verschiedene Zugänge zum Gegenstand der Organisation und dessen theoretischen Implikationen. Entsprechend jeweiliger Ausrichtung der Arbeit sollte die relevante Begriffssprache der eigenen Disziplin beachtet werden. Abschlussarbeiten ragen positiv hervor, wenn es dem Autor gelingt, Sachverhalte seines Themas in sehr präziser Weise zu beobachten und zu beschreiben. Gleichwohl hat Kürze dann keine Würze, wenn sie mit einem Mangel an Reflexionsvermögen einhergeht.

Nicht selten kommt es vor, dass innerhalb von Abschlussarbeiten ein-
dimensionale und vereinfachende Definitionen bzw. Darstellungen vertreten werden, die inhaltliche Differenzierung vermissen lassen. Für eine Arbeit zum Thema
Organisationen, sei es zu Fragen der Unternehmensentwicklung, der Einführung
neuer Produkte und Technologien oder der Kooperation von behördlichen oder
Bildungs- und Sozialeinrichtungen etc., lohnt möglichst gründliche Recherche
der relevanten organisatorischen Gegebenheiten und Rahmenbedingungen, um
geeignete Ansätze zu identifizieren und das für wissenschaftliche Tiefe wichtige Verknüpfungswissen aufzubauen. Einen für Einsteiger guten Überblick
zur organisationswissenschaftlichen Theorievielfalt bieten u. a. (Breisig 2015,
S. 1–51; Preisendörfer 2011; Kieser und Walgenbach 2010, S. 31–70).

2.5   Besonderheiten der Studiengänge

Je nach Fach ergeben sich verschiedene inhaltliche Prioritäten, Gestaltungsformen und Zielsetzungen. Betriebswirtschaftliche Studienarbeiten werden
primär mit Blick auf einen praktischen Anwendungs- oder Verwertungsbezug
konzipiert. Ein besonders präsenter Organisationstyp ist sicher das privatwirt-
schaftliche Unternehmen. Die Analysen sind auf spezifische Bereichsthemen
(neue Software im Controlling, Entwicklung einer Absatzstrategie, Erschließung
von Vertriebskanälen, Konzeption eines Auswahlverfahrens etc.) angelegt oder
setzen sich mit übergreifenden Fragen der Unternehmenssteuerung auseinander
(Einfluss von Managementkonzepten auf die Führungskräfte, Umbildung grund-
legender Geschäftsprozesse, Erweiterung bisheriger Absatzmärkte etc.).

Sozialwissenschaftliche Fragestellungen der Soziologie, Politologie oder
allgemeinen Psychologie sind in aller Regel wenig bzw. nur mittelbar an öko-
nomischer Effizienz interessiert. Ihre fachliche Substanz liegt in Analysen zu
Kooperationen, Beziehungen, kommunikativen Abläufen, Aspekten der Entscheidungsbildung und Macht in Organisationen. Hieraus können sich unterschiedliche Anschlussmöglichkeiten für betriebliche Einsatzfelder ergeben.

Praktika im Rahmen von Lehramts-, bildungswissenschaftlichen und
pädagogisch-psychologisch geprägten Studiengängen sind naheliegend auf Hos-
pitationen und Erhebungen (forschungsorientiertes Lernen) in Schulen, pädagogi-
schen und sozialen Einrichtungen ausgerichtet. Insofern spielen didaktische oder
die Schulorganisation, Schulfächer und den Lehrerberuf betreffende Fragen eine
zentrale Rolle. Außerschulische Forschungsorte sind die Erwachsenenbildung,
die berufliche Weiterbildung sowie die Personalarbeit.

Auf einen Blick

- In der Regel werden **Mentoren bzw. Ansprechpartner** von betrieblicher Seite ausgewiesen. Diese ermöglichen weitere Zugänge und Kontakte zu relevanten Personen.
- Bei Gesprächs- bzw. Arbeitskontakten ist **Ausgewogenheit im Umgang** ratsam; offensichtliche Bevorzugungen oder intensiver Austausch nur mit bestimmten Personen sind zu meiden. Soweit möglich sollte der Umgang „natürlich" bzw. „alltagstauglich" erfolgen.
- Mit einem **proaktiven Herangehen** kann ein **guter Eindruck** erzielt werden. Hierbei helfen regelmäßige Informationen bezüglich des Arbeitsstandes und der weiteren Planung – auch ohne vorherige Aufforderung.
- Die **betriebliche Einbindung** kann über **Praktika, Werkstudentenbeschäftigungen** oder **separat** ohne weitere Tätigkeit erfolgen. Dementsprechend ist das Nähere über den möglichen **Arbeitsplatz** zu vereinbaren.
- Zur Bewältigung der methodischen Durchführung und der **Materialerfassung** und **Materialbearbeitung** ist eine entsprechende **Arbeitsdisziplin** angezeigt: Lesen, Ordnen, Sichern, Auswerten, Prüfen von Informationen.
- In einzelnen Fällen kann es zu **kooperativen Abschlussarbeiten** von zwei Studierenden kommen. Hierbei ist auf eine geeignete **Team- bzw. Projektkonstellation** zu achten: soziale Verträglichkeit, fachliche Eignung, übereinstimmende Arbeitshaltung u. ä.

3.1   Betreuungsformen und Ansprechpartner

In aller Regel wird innerhalb der gewählten Organisation eine Betreuungsperson zur Verfügung gestellt. Als Betreuungsperson vonseiten der Betriebe kommen Mitarbeiter direkt aus der jeweiligen Fachabteilung infrage. Häufig werden sie als „Mentoren" ausgewiesen, die bei Fragen und Problemen zur Arbeit, soweit sie den Ablauf und die Angelegenheiten der Organisation betreffen, helfen sollen. Mentoren nützen aber auch, wenn weitere Kontaktpersonen gewonnen werden sollen, etwa für Interviews oder Beobachtungen in verschiedenen Ressorts. Insofern ist gerade eine feste Anlaufstelle für jegliche Kommunikation, die intern mit der Arbeit im Zusammenhang steht, nützlich. Als Verbindungsstelle können von dort aus Kontakte ermöglicht werden, zu denen man selbst (noch) keinen direkten Zugang erhält.

Es spricht viel dafür, einen dezidiert „guten Kontakt" zum jeweiligen Ansprechpartner zu pflegen. Praktische Erfahrungen zeigen, dass es hilfreich ist, weitestgehend von sich aus aktiv zu werden. So lässt sich damit unterstreichen, dass die Arbeit nicht als bloße Pflichtübung, sondern als eine engagierte Tätigkeit verstanden wird. Dieser Aspekt kann in Organisationen positiv auffallen, da Arbeitseinsatz ohnehin vorausgesetzt wird und an sich oft noch keine Anerkennung erfährt. Ferner kann mit einem „proaktiven" Herangehen tendenziell mehr eigene Gestaltungsmacht über den Arbeitsprozess aufgebaut werden. Man gibt die Zügel nicht aus der Hand. Je mehr eigene Tätigkeiten im Voraus und je mehr Kommunikation regelmäßig ohne Aufforderung erfolgen, desto eher wird für alle Beteiligten der Eindruck aufkommen, dass die Arbeit „läuft". Dabei sind auch ein gewisses Maß an Selbstbewusstsein und ein souveräner Auftritt hilfreich.

Wie intensiv und verbindlich der Kontakt besteht, ist unterschiedlich. Möglich sind sowohl Szenarien, in denen regelmäßige, fortlaufende Berichte vorgesehen sind als auch informelle Treffen. Kleine Organisationen strahlen häufig persönliche „Lockerheit" aus, während große mehr Standards, Vorgaben und Reglements wahren. Einfachere Abläufe und erhöhten Gestaltungsspielraum kann man sich selbst zunutze machen. Je mehr Standardisierung in Betrieben anzutreffen ist, desto mehr werden Kontrollmechanismen in der Regel nicht nur zu beobachten, sondern auch bei der eigenen Arbeit zu spüren sein.

3.2   Präsenz im Betrieb

Zu Beginn der Abschlussarbeit steht die Frage, mit welcher eigenen Verfügbarkeit im Betrieb diese einhergeht. Die Antwort wird unter anderem davon abhängig sein, ob die Arbeit im Rahmen eines zeitlich knapp begrenzten Praktikums erfolgt, im Rahmen einer Werkstudentenbeschäftigung platziert werden kann, oder in Form einer ausschließlich externen Arbeit ohne Anstellung.

Zu bedenken ist, ob noch weitere Arbeiten während einer möglichen, parallelen Beschäftigung anfallen. Viele Praktikanten und Werkstudenten erledigen ihre Abschlussarbeit neben der sonstigen studentischen Mitarbeit in Betrieben. Es ist dabei aber nicht überall zu erwarten, dass angemessene zeitliche Kapazitäten für die Abschlussarbeit eingeräumt werden. Allerdings sind mitunter relativ komfortable Bedingungen anzutreffen, wenn Studierende besonders freizügig über ihre Arbeits- und Zeitplanung verfügen können oder nur wenig gesonderte Arbeit zu leisten haben, aber dennoch eine fortlaufende Vergütung erhalten. Die Abschlussarbeit wird so zur bezahlten Leistung.

Doch auch wenn ausschließlich die eigene Abschlussarbeit zu erledigen ist und man über viel Zeitsouveränität im Unternehmen verfügt, ist es sicherlich nicht gerade verkehrt, bei anfallenden Tätigkeiten gelegentlich mitzuhelfen. Dies ist keineswegs als „Einschmeicheln" zu verstehen, sondern schlicht als Aufmerksamkeit, die den sozialen Zugang erleichtert. Da Praktikanten vielfach als „Externe" gesehen werden, die vielleicht in der Organisation etwas analysieren, aber in den Augen der Mitglieder noch keine „richtige" Arbeit erledigen, hilft engagiertes Auftreten dabei, sich eine gewisse Akzeptanz zu verschaffen. Zumindest ist dies eine Beobachtung gegenüber Fällen, in denen Studierende sich zurückziehen und von den übrigen Beschäftigten als „Exoten" wahrgenommen werden. In vielen Fällen wird begrenzte Mitarbeit, so sie nicht vereinbart ist, für die eigene Arbeit von Vorteil sein; gerade dann, wenn es darum geht, Abläufe, Entscheidungen und Personen und ihre Verhaltensweisen zu erfassen. Mitarbeit kann eine Möglichkeit bieten, das Geschehen sozusagen „hautnah" mitzuverfolgen.

Aus unseren eigenen Erfahrungen und denen vieler Kollegen in der Organisationsforschung haben wir den Eindruck gewonnen, dass Tätigkeiten im Betrieb mit wissenschaftlichem Zweck durchaus zu Irritationen und vielleicht sogar (zunächst) Ablehnung bei jenen führen können, die üblicherweise vor Ort ungestört ihrer Arbeit nachzugehen pflegen. Sie sehen sich leicht als „Beschattete" und haben Sorge, skeptisch beäugt zu werden. Auch entsteht zuweilen der Eindruck, der Juniorforscher sei vielleicht ein Spitzel der Personalabteilung oder von Führungskräften.

Es kann für den Forschungsprozess daher förderlich sein, keine übermäßige Distanz zu suchen, sondern sich bereitwillig als vorläufig gastierendes Mitglied der Organisation zu begreifen. Allerdings ist diese dezente Integration nicht als Vereinnahmung wünschenswert. Bevorzugungen einzelner Personen sollten unterlassen werden, da auch das Verhältnis zu „persönlichen Lieblingen" in der Organisation intensiv beobachtet wird. Ein – wenn man so sagen kann – ausgewogener Umgang mit allen Personen erscheint ratsam; wiewohl sich natürlich Kontakte besserer Art zu gewissen Personen allein schon wegen der natürlichen Sympathie ergeben mögen.

Auch das eigene Verhalten sollte kritisch bedacht werden. So schwer das Maß gebotener Distanz zu bestimmen ist, so offensichtlich sind Szenarien vorstellbar, in denen es der Analyse an Unabhängigkeit mangelt, da sich der Schreiber einer Loyalität verpflichtet sieht, die mit dem wissenschaftlichen Erkenntnisanspruch in Konflikt gerät. Derartige Situationen sind nie völlig auszuschließen. Durch Reflexion lassen sich aber hoffentlich eigene Grenzziehungen bewerkstelligen.

Sehr vorteilhaft erscheinen vielen Studierenden Arbeitsformen, die einen flexiblen Umgang mit der Arbeitszeit erlauben und eher wenig an Präsenzvorgaben gebunden sind, also über Absprache mit den Betreuern vor Ort geregelt werden. Natürlich gibt es nicht wenige Fälle, in denen ein rigider geprägtes Zeitreglement üblich ist. Inwiefern unter diesen Bedingungen Arbeitsziele erreicht werden können und die Arbeitsmotivation beständig bleibt, wird individuell zu betrachten sein.

Die Erfahrungen mit Abschlussarbeiten zeigen, dass produktive und kreative Arbeitsleistung nicht per Knopfdruck abgerufen werden kann. Die wissenschaftliche Arbeitstätigkeit unterscheidet sich von vielen klassisch administrativen Tätigkeitsprozessen in jenen Organisationen, die untersucht werden sollen und die zumeist auf ein reguliertes Tagwerk und Ablieferung von Produkten ausgerichtet sind. Kreative Tätigkeiten bedürfen der Muße. Das fortlaufende „Runterschreiben" der Arbeitskapitel nach dem Muster eilig gebastelter Power-Point-Präsentationen verspricht wenig Mehrwert. Es sei denn, es dient zunächst einem Brainstorming. Hiernach bedarf es einer sorgfältigen Bearbeitung bzw., wie man heute sagt, Qualitätssicherung, welche weit über reine Fehlerkorrektur und grammatikalische Richtigkeit hinausgeht. Schon in Hausarbeiten während des Studiums trennt sich gerade an diesem Punkt, zugespitzt formuliert, die „Spreu vom Weizen". Früher oder später leidet die Qualität, sind die Schreibprozesse zu hastig und zu wenig mit Bedacht vonstattengegangen. Lesephasen, großzügige Puffer für Korrekturen, Ergänzungen, Einarbeitung von Gesprächsnotizen, Umplatzierungen und Streichungen offenbaren einen eher etwas zerstückelt als durchgängig strukturierten Arbeitsprozess.

Dieses produktive „Schreib-Chaos" ist durchaus eine Rückversicherung für das Schreiben guter Texte, da im konfusen Hin und Her der Tätigkeiten vieles mehrfach „durchgekaut", überprüft und stetig verfeinert wird. Es ist in der Regel ein gutes Indiz für sorgsames Schaffen, werden die Texte wiederholt gedruckt und durchgearbeitet. Wir empfehlen den gewissermaßen klassischen Ansatz und raten nicht zu besonderer Sparsamkeit: Durchsicht mit dem Füllfeder-halter, Papier für Papier, Zeile für Zeile. Mehrere Korrekturschleifen tilgen die versteckte Fehlermasse und immer wieder noch zu entdeckende Redundan-zen und stilistischen Störungen. Ohnehin ist bei größeren Arbeiten mit Termin-anpassungen des individuellen Arbeitsplans zu rechnen. Gleichwohl lohnt es, einen Arbeitsplan zur eigenen Orientierung zu erstellen. Dieser ist für die Arbeits-motivation hilfreich. Ein leicht scherzhaftes Wort in der Universität lautet zwar: Pläne werden dazu gemacht, um sie nachher wieder zu ändern. Doch natürlich gilt ebenso: auch das Ändern will gekonnt sein. Und wo kein Anfang, da kein Ende.

3.3 Kooperative Abschlussarbeiten

Jede engere und folgenreiche Zusammenarbeit im Studium wie auch in der Wissenschaft oder Projekten der Arbeitswelt generell setzt ein hohes Maß an Ver-trauen voraus, sollen gegenseitige Erwartungen an eine gemeinsame Leistungs-bereitschaft nicht enttäuscht werden. Man kennt die berüchtigten, wenig erbaulichen Beispiele aus der Gruppenarbeit, wie sie heute in vielen Studien-gängen mit entsprechendem Frust der Beteiligten betrieben wird. Fehler werden ungern offen angesprochen, da ansonsten persönliche Konfrontation droht. Stu-dierende müssen erst in die Rolle hineinwachsen, Arbeitskonflikte von persön-lichen Angelegenheiten zu unterscheiden. Das ist deshalb schon nicht leicht, da das Studium auch eine Zeit der Freundschaft und der Nachsicht ist.

Im besten Fall werden natürlich die Beteiligten den Wunsch haben, gemeinsam einen vergleichbaren Arbeitseinsatz zu leisten. Eine gewisse kog-nitive, emotionale und zuweilen auch fachliche bzw. institutionelle Nähe, das heißt Verlass und Vertrauen zueinander, sind schon aus der Netzwerkforschung als günstige Begleitumstände in kooperativen Arbeiten bekannt (Boschma 2005; Schütz et al. 2018, S. 64 f.). Offensichtliche Leistungsunterschiede – bes-ser gesagt: Unterschiede im Engagement – führen zu Konflikten. Und auch Konkurrenzbefindlichkeiten beim „Brillieren" sind alles andere als unwahrschein-lich. Nötig ist eine Abgrenzung der Arbeitsanteile im Falle kooperativer Arbeiten. Das ist für die an der Arbeit Beteiligten letztendlich nur wünschenswert, um sich nicht gegenseitig ins Gehege zu kommen und die Gewähr einer überprüfbaren Leistung zu haben.

Allerdings ist auch ein Ende nach dem Muster „Mitgegangen – mitgehangen" denkbar, wird nicht nur nach gleichem Arbeitsaufwand, sondern auch gleicher Bewertung verfahren. Es wäre ungünstig, in einer gemeinsamen Abschlussarbeit festzustellen, dass die Zusammenarbeit nicht funktioniert und diese Lage dennoch nur zu überspielen. Frühzeitig können Chancen und Risiken einer Kooperation gemeinsam abgewogen werden. Ratsam ist bspw. eine gemeinsame Abstimmung zu Beginn, wie in Konflikten zum gemeinsamen Vorteil verfahren werden soll und möglichst eine Eskalation unter Einbeziehung der Betreuer oder Dozenten vermieden werden kann.

Auf einen Blick

- Eine wichtige Basis auch für betriebliche Abschlussarbeiten bilden einschlägige **Leitfäden und Richtlinien zum wissenschaftlichen Arbeiten,** die an allen Hochschulen und deren jeweiligen Fakultäten zur Verfügung gestellt werden.
- Die Form der Quellennachweise und Quellenaufbereitung soll **grundsätzlich einheitlich erfolgen.** Es werden hierfür in der Wissenschaft mehrere **Standards** zur Auswahl bereitgestellt.
- Zur strukturierten Planung der Arbeit empfehlen wir die Beachtung maßgeblicher Aspekte: **Genaue Problemstellung, theoretischer Rahmen, methodisches Vorgehen,** Art und Weise der **Ergebnisaufbereitung** und **-darstellung, Diskussion, Fazit** und **Ausblick.**
- Elementar unterschieden wird im wissenschaftlichen Arbeiten der Sozial- und Organisationsforschung zwischen **qualitativen und quantitativen Forschungsmethoden** sowie zwischen **Erhebungsverfahren** und **Auswertungsverfahren.**
- Klassische Forschungsmaßnahmen im Rahmen von Abschlussarbeiten stellen das **Interview,** die **Befragung,** die teilnehmende **Beobachtung** und die **Dokumentenanalyse** dar.
- Kommunikationsintensive Verfahren sollten so konzipiert werden, dass der Forschungsgegenstand **tatsächlich zu erfassen** ist, die Fragestellung **unproblematisch** vonstattengeht und die Informationen für Befragte und Auswerten **verständlich** und **vielfältig** ausgeführt werden können.

Forscher müssen darauf achten, durch ein bestimmtes Frageverhalten nicht **unbewusste Lenkungen bzw. Beeinflussungen** zu bewirken.
- Forschungsmethoden sind innerhalb einer Abschlussarbeit (wie in jeder anderen wissenschaftlichen Arbeit) zu **begründen** und zu **reflektieren.** Auch **Limitationen** bzw. Einschränkungen im Hinblick auf die Aussagekraft der Ergebnisse sind zu notieren.

Bevor die unterschiedlichen methodischen Zugänge präsentiert werden, beschreiben wir zunächst die Grobstruktur einer Abschlussarbeit in einer Organisation. Dieser – natürlich nur idealtypische – Rahmen lässt sich auf qualitative, quantitative oder gemischt-methodische Arbeiten (dazu Abschn. 4.1) anwenden. Im Folgenden beschränken wir uns auf eine sehr kompakte Darstellung. Für diese haben wir uns bewusst entschieden, da aus Studiengängen immer wieder die Rückmeldung zu hören ist, dass bis zur Abschlussarbeit empirische Kenntnisse gelegentlich noch sehr lückenhaft vorhanden sind. In diversen Fächern existieren empirische Einführungen überhaupt nicht.

Ausführliche Darstellungen einer Abschlussarbeit finden sich u. a. bei Eco (2005), Karmasin und Ribing (2010) sowie Schmidt (2013). Die einzelnen Stadien der empirischen Forschung sind – schematisch – in Box 1 aufgeführt. Für die Besonderheiten des wissenschaftlichen Schreibens je nach Fach bzw. Fachrichtung sei auf zahlreiche Hilfestellungen und Leitlinien an Hochschulen verwiesen: exemplarisch bspw. Northern Business School (2015) und Universität Bielefeld (2019). Nach unserer Vorstellung kommt es darauf an, dass die Ansprüche und Feinheiten einer geltenden jeweiligen Zitier- bzw. Schreibordnungen bekannt sind bzw. sicher nachgeschlagen werden können. Jede Zitier- und Schreibordnung hat eigene Besonderheiten. Man sollte sich davon nicht irritieren lassen. In manchen Fachbereichen können Studierende selbst entscheiden, nach welcher Ordnung sie schreiben, in anderen nicht. Wichtig ist hier, dass im Schreibprozess jedenfalls eine einheitliche Form gewahrt wird und nicht verschiedene Stile miteinander vermischt werden. Letzteres wird in der Bewertung auf Nachlässigkeit hindeuten.

Box 1: Arbeitsphasen des empirischen Forschungsprozesses
1. Entwicklung der Problem- und Fragestellung
2. Theoretischer Rahmen
3. Methodisches Vorgehen

1. Forschungsdesign
2. Auswahl der Untersuchungseinheit
3. Datenerhebung
4. Datenauswertung
4. Darstellung der Ergebnisse
5. Diskussion, Fazit und Ausblick

1. Entwicklung der Problemstellung: Die Fixierung einer Fragestellung kann auf unterschiedliche Weise erfolgen. So kann man über eigene Erfahrungen in einer Organisation auf ein Informationsdefizit oder ein Problem stoßen, durch Kontakte zu anderen Personen oder auf Basis einer Literaturrecherche können Lücken oder Widersprüche aufgedeckt werden. Ausgangspunkt jeder wissenschaftlichen Arbeit ist ein Problem bzw. eine Fragestellung, welche/s im Falle einer Abschlussarbeit in einer Organisation mit selbstständig recherchierten Daten bearbeitet wird.

2. Theoretischer Rahmen: Hier sichtet der Forscher das vorhandene theoretische und empirische Wissen zur gewählten Thematik. Bei quantitativen Untersuchungen werden typischerweise bekannte Theorien oder Hypothesen getestet; qualitative Untersuchungsdesigns werden hingegen eher dort eingesetzt, wo bisher noch keine oder nur wenige Erkenntnisse zur Thematik vorliegen. Entsprechend weniger strukturiert ist das zur Verfügung stehende theoretische Wissen. Mit der theoretischen Phase wird die Fragestellung weiter eingegrenzt.

3. Methodisches Vorgehen: Hier legt der Forscher den methodischen Zugang fest (qualitativ, quantitativ, Mischformen), wählt ein Forschungsdesign aus (etwa eine Fallstudie oder eine Umfrage) und begründet, warum die betreffende Einrichtung für die Forschungsfrage ausgewählt wurde (Auswahl der Untersuchungseinheit). Das kann z. B. dadurch geschehen, dass aufgrund eines Praktikums ein besonders guter Zugang zum Forschungsfeld besteht oder das Unternehmen für das Thema Organisationswandel einen besonders interessanten Fall bietet (z. B. die Implementierung eines Controlling-Systems). Im Methodenteil werden zudem die Erhebungsmethoden beschrieben (etwa Befragung oder Interview). Je nachdem, ob sich der Forscher für einen eher quantitativen oder qualitativen Zugang entscheidet, kommen unterschiedliche Instrumente und Verfahren zum Einsatz. Schließlich müssen Überlegungen darüber angestellt werden, wie die Daten ausgewertet werden sollen (qualitative Analyse vs. Statistik).

4. Darstellung der Ergebnisse: Hier werden die Ergebnisse zunächst beschrieben. Bei quantitativen Erhebungen kann sehr gut mit Tabellen und Grafiken

gearbeitet werden. Qualitative Daten können zusammengefasst wiedergegeben und auch mit Originalzitaten belegt werden.

5. Diskussion, Fazit und Ausblick: In diesem Teil werden die Ergebnisse der Untersuchung auf Basis vorhandener Theorien oder empirischer Studien reflektiert, erklärt und in einen größeren Zusammenhang gebracht. Im Fazit nimmt der Forscher noch einmal Bezug zur Fragestellung und beantwortet diese auf Basis der Forschungsergebnisse. Es werden aber auch Limitationen der eigenen Forschung oder Hindernisse während der Forschung aufgezeigt. Außerdem wird ein Ausblick gegeben, welche anschließenden Fragen interessant bzw. relevant erscheinen könnten oder welche Ableitungen und Überlegungen aus der Arbeit womöglich ansonsten zu treffen sind.

4.1   Die Wahl der Methoden

Abhängig von der Auswahl der Problemstellung des geplanten Forschungsprojektes eignen sich verschiedene Methoden der empirischen Sozialforschung (zu den folgenden Ausführungen: Röbken 2011). Allgemein werden zwei Forschungsrichtungen unterschieden: quantitative und qualitative Forschungsmethoden, die im Weiteren kurz voneinander abgegrenzt werden sollen.

Grundsätzlich gilt die quantitative Forschung als eher objektbezogen; sie ist bemüht, Erklärungen und Ursache-Wirkungs-Zusammenhänge zu identifizieren, während die qualitativen Ansätze eher hermeneutisch-interpretativ vorgehen und das subjektbezogene Verstehen in den Vordergrund rücken (vgl. Lamnek 2010). Weitere typische Besonderheiten beziehen sich bspw. auf das Untersuchungsfeld (Labor vs. natürliche Umgebung), die Datenform (numerisch vs. textbasiert) oder die Auswertungsmethodik (statistisch vs. interpretativ). Tab. 4.1 zeigt eine zusammenfassende Gegenüberstellung der unterschiedlichen Forschungsrichtungen.

Bei der quantitativen Forschung gilt die soziale Realität als objektiv und mit kontrollierten Methoden erfassbar. Ziel ist es, Verhalten in Form von Modellen, Zusammenhängen und numerischen Daten möglichst genau zu beschreiben und vorhersagbar zu machen. Das Verhalten wird in messbare Einheiten zerlegt (elementaristische Vorgehensweise) und als Beobachtungseinheit definiert. Die quantitative empirische Forschung will theoriegeleitet Daten sammeln (deduktives Vorgehen), die bestimmten Gütekriterien (Objektivität, Reliabilität und Validität) genügen müssen und die primär der Prüfung der vorangestellten Theorien und Hypothesen dienen.

Ziel der qualitativen Forschung ist es, die Wirklichkeit anhand der subjektiven Sicht der relevanten Akteure abzubilden und so mögliche Ursachen für deren

Tab. 4.1 Unterschiede zwischen quantitativer und qualitativer Forschung, in Anlehnung an Hussy et al. (2010)

Quantitative Forschung	Qualitative Forschung
Labor	Natürliche Umgebung
Elementaristisch	Holistisch
Deduktives Vorgehen	Induktives Vorgehen
Festlegung der Vorgehensweise vor Untersuchungsbeginn	Emergente Flexibilität des Designs
Ziel: Kausalerklärung	Ziel: Beschreibung, Verstehen
Numerische Daten	Interpretationsbedürftige Daten
Standardisierte, objektive Messinstrumente	Forschende als „Messinstrumente"
Statistische Verallgemeinerung	Theoretische Verallgemeinerung
Gütekriterien der Objektivität, Reliabilität und Validität	Gütekriterium der Validität sowie ergänzende qualitative Kriterien

Verhalten nachzuvollziehen und das Verhalten zu verstehen (vgl. Wolf und Priebe 2000). Statt einer großen Fallzahl zeichnet sich die qualitative Forschung durch eine stärkere Subjektbezogenheit aus, d. h. der Hauptuntersuchungsgegenstand ist immer das menschliche Subjekt. Um Verzerrungen der Ergebnisse durch zu starre theoretische Vorannahmen und standardisierte Untersuchungsinstrumente zu vermeiden, präferiert die qualitative Forschung den direkten Zugang zu den betreffenden Subjekten (z. B. über persönliche Interviews).

Die Untersuchung in alltäglicher Umgebung (holistische Herangehensweise) ist ein wesentliches Merkmal dieser Forschungsrichtung. Sie dient dazu, potenzielle Verzerrungen zu verringern und möglichst nahe an der Alltagssituation der Akteure anzuknüpfen. Auch zeichnen sich die theoretischen Vorannahmen und Erhebungsinstrumente durch eine größere Offenheit aus. Damit ist es möglich, flexibel auf unvorhersehbare, bislang unbekannte Aspekte reagieren zu können (emergente Flexibilität). Eine weitere Besonderheit liegt in der Datenauswertung, die typischerweise interpretativ erfolgt. Die Annahme ist, dass die Untersuchungsgegenstände von vornherein mit subjektiven Absichten belegt sind, wodurch sich für verschiedene Akteure immer wieder andere Bedeutungen ergeben können (vgl. Mayring 2002, S. 25 ff.).

Eine wichtige Unterscheidung im Rahmen empirischer Forschungsmethoden ist jene zwischen Erhebungstechnik und Auswertungsverfahren. In Tab. 4.2 sind qualitative sowie quantitative Forschungsdesigns, Erhebungstechniken und

Tab. 4.2 Übersicht ausgewählter Forschungsdesigns, Erhebungstechniken und Auswertungsverfahren, in Anlehnung an Müller und Haeger (2010, S. 35)

Qualitativ	Sowohl als auch	Quantitativ
Forschungsdesigns		
Einzelfallanalyse	Dokumentenanalyse	Experiment (Anspruch auf Kausalanalyse – Kontroll-/ Versuchsgruppe)
Feldforschung	Handlungs-/Aktionsforschung	Umfrageforschung
Grounded Theory	Evaluationsforschung	Korrelationsstudie
Erhebungstechniken		
Narratives Interview	Beobachtung	Zählung
Gruppendiskussion	Fragebogen	Messung
	Leitfadeninterviews	
Auswertungsverfahren		
Objektive Hermeneutik	Codierung	Univariate und multivariate Deskriptivstatistik
Grounded Theory	Qualitative Inhaltsanalyse	Inferenzstatistik

Auswertungsverfahren gegenübergestellt. Einige Designs können beiden Richtungen zugeordnet werden. Insgesamt ist die Unterscheidung idealtypisch zu verstehen; Mischformen kommen in der Forschung relativ regelmäßig zum Zuge.

4.2 Erhebungsphase und Dokumentation

Bei der Datenerhebung geht es darum, das Verhalten von Akteuren (Personen, Abteilungen, Organisationen) zu erfassen, entweder in numerischer (quantitativer) oder in textbasierter (qualitativer) Form.

Beobachten

Beobachtungen sind ein wesentlicher Teil des täglichen Lebens. Im Gegensatz zu den alltäglichen werden wissenschaftliche Beobachtungen systematisch und nach vorab definierten Regeln durchgeführt. Beobachtungsverfahren lassen sich unterscheiden nach dem Grad der Standardisierung, dem die Erfassung der Beobachtungen unterworfen ist. In natürlichen Situationen

(Büro, Klassenzimmer, Einkaufspassage usw.) kommen häufig standardisierte Codierschemata zum Einsatz, in die die beobachtende Person Einträge macht (Art, Frequenz und Länge der Beteiligung einzelner Personen am Gruppengeschehen). Es können aber auch qualitative Beobachtungsdaten gewonnen werden, etwa durch einen Feldforschungsansatz, bei dem der Forscher Feldnotizen macht, Memos anfertigt oder Protokolle schreibt, die keinem vorgefertigten Kategorienschema folgen. Im ersten Fall haben wir es mit einem eher standardisierten, im zweiten mit einem explorativen Design zu tun.

Befragung und Rating

Lassen sich die relevanten Sachverhalte nicht direkt beobachten, besteht die Möglichkeit, die Personen zu kontaktieren, zu befragen und so Auskunft über Einstellungen, Gefühle, Motive oder Erinnerungen zu erhalten (vgl. Hussy et al. 2010, S. 69). Zu diesem Zweck werden in der empirischen Sozialforschung Befragungen durchgeführt – entweder in schriftlicher (postalisch oder per E-Mail) oder mündlicher (telefonisch oder persönlich) Form. In der Regel erfordert die Befragung über einen schriftlichen Fragebogen mehr Vorwissen über den Gegenstand als ein offenes Interview, weil der Forscher die Antwortalternativen bereits antizipieren muss. Bei der Formulierung von Fragen sollten einige Aspekte berücksichtigt werden, die in Box 2 überblicksartig dargestellt sind.

> **Box 2: Fragebogendesign, vgl. Hussy et al. (2010, S. 73–74)**
> Die Fragen sollten…
>
> - einfach und gut verständlich formuliert sein (keine Fachbegriffe, verschachtelten Sätze oder komplizierten Sachverhalte)
> - adressatenorientiert formuliert sein, also an die Sprachgewohnheiten der Zielgruppe angepasst sein
> - keine Verneinungen enthalten
> - nicht überfrachtet sein
> - nicht so gestellt sein, dass die Befragten alle ähnlich darauf antworten
> - einen unmittelbaren Bezug zur Thematik haben (nicht mehrere Fragen für ein und denselben Sachverhalt stellen)
> - geordnet sein (nicht mit besonderen schwierigen Fragen, sondern mit einer Warm-up-Phase beginnen)

Eine spezielle Form der Befragung ist das Rating, bei dem die Befragten Beurteilungen zu bestimmten Sachverhalten auf Skalen vornehmen. Hier beurteilt ein Subjekt (ein Mitarbeiter) einen Gegenstand (z. B. ein Produkt) hinsichtlich eines bestimmten Merkmals (z. B. Haltbarkeit) auf einer Skala von 1 (niedrige Haltbarkeit) bis 5 (hohe Haltbarkeit). Die Fragen werden auch als Items bezeichnet. Darunter versteht man eine als Frage oder Urteil formulierte Aussage, zu der sich der Befragte zustimmend oder ablehnend äußern kann. Box 4.3 präsentiert wesentliche Aspekte, die bei der Konstruktion von Skalen zu berücksichtigen sind (vgl. Hussy et al. 2010, S. 70 ff.).

Box 3: Skalenbildung, vgl. Hussy et al. (2010, S. 73 ff.)

- Es ist zu überlegen, ob die Items als Frage („Unterstützen Sie das neue Controlling System?") oder Aussage („Ich unterstütze das neue Controlling System") formuliert werden sollen.

- Eine Skala kann im Hinblick auf einen Pol (unipolar) oder bipolar (Pol und Gegenpol) formuliert sein. Unipolare Skalen adressieren nur ein Merkmal von geringer bis starker Ausprägung (wenig Aufwand ... viel Aufwand), während bipolare Skalen immer einen Gegensatz beinhalten (z. B. links ... rechts; ruhig ... angespannt). Bipolare Skalen eignen sich z. B. wenn der Gegensatz eines Begriffs unklar ist (z. B. „schüchtern").

- Eine geeignete Anzahl der Abstufungen muss festgelegt werden. Ratingskalen können wenige Abstufungen umfassen (z. B. drei) oder viele (20 oder mehr). Eine zu geringe Anzahl bildet möglicherweise Unterschiede nicht differenziert genug ab, während viele Stufen die Beurteilungskapazität der Befragten übersteigen können. In der Praxis haben sich vier- bis neunstufige Skalen bewährt.

- Es stellt sich die Frage, ob eine gerade oder eine ungerade Anzahl von Abstufungen gewählt werden soll. Bei einer geraden Anzahl zwingt man die Befragten zu einem Urteil, während bei einer ungeraden Anzahl auch eine neutrale Beurteilungskategorie zur Verfügung steht. Letztere weist den Nachteil auf, dass sie möglicherweise überproportional häufig gewählt wird und die Antworten dann nicht eindeutig interpretiert werden können. Eine neutrale Beurteilung könnte auf Gleichgültigkeit oder Bequemlichkeit hindeuten, aber auch Ausdruck von Ambivalenz im Hinblick auf die Frage sein.

- Schließlich ist zu fragen, wie die Abstufungen gekennzeichnet werden sollen. Sie können mit numerischen, verbalen oder grafischen Zeichen (z. B. Smileys) versehen werden. Zahlen haben den Vorteil, dass sie eindeutig und die Abstände zwischen den Stufen gleichgroß sind. Grafische und verbale Bezeichnungen sind hingegen für die Befragten leichter zu verstehen.

In eher qualitativ ausgerichteten Forschungsprojekten werden die Daten vielfach über Interviews erhoben, z. B. in Form eines Leitfadeninterviews. Hierbei handelt es sich um ein teilstandardisiertes Interview. Das heißt, dass während des Gesprächsverlaufes die Fragen nach Bedarf angepasst werden können. Der Leitfaden dient bei der Interviewführung als Strukturierungshilfe. Man kombiniert also Systematik mit Flexibilität. Im Leitfadeninterview werden typischerweise drei verschiedene Fragearten gestellt (vgl. Hussy et al. 2010, S. 216):

- Einleitende Fragen: Hier geht es darum, eine angenehme Gesprächsatmosphäre zu schaffen und mit dem Befragten „warm" zu werden.
- Leitfadenfragen: Diese Fragen machen den Kernbestandteil des Interviews aus. Die relevanten Fragen werden vorab in strukturierter Form festgehalten.
- Ad-hoc-Fragen: Diese Fragen werden vorab nicht geplant, sondern ergeben sich spontan aus dem Gespräch heraus.

Um hochwertige Daten mittels eines Leitfadeninterviews erheben zu können, hat Kvale (1996) zehn Kriterien für einen erfolgreichen Interviewer formuliert:

1. Wissen (knowledgeable): Der Interviewer kennt sich sehr gut mit dem Fokus des Interviews aus.
2. Struktur (structuring): Der Interviewer gibt das Ziel des Interviews an, rundet ab und erkundigt sich, ob der Interviewte Fragen hat.
3. Klarheit (clear): Einfache, klare, kurze Fragen stellen. Keine Fachsprache verwenden.
4. Behutsamkeit (gentle): Personen ausreden lassen, Zeit zum Nachdenken geben, Pausen tolerieren.
5. Einfühlsamkeit (sensitive): Genau hinhören, was der Befragte sagt; empathischer Umgang mit dem Befragten.

6. Offenheit (open): Auf die Reaktionen des Befragten eingehen und flexibel sein.

7. Steuerung (steering): Der Interviewer weiß, was er oder sie herausfinden will.

8. Kritischer Standpunkt (critical): Der Interviewer ist darauf vorbereitet, das Gesagte zu hinterfragen und Widersprüche aufzudecken.

9. Erinnerung (remembering): Er kann Rückbezüge zum bereits Gesagten herstellen.

10. Interpretation (interpreting): Das Gesagte wird geklärt und die Bedeutung expliziert, ohne Meinungen aufzudrängen.

Eine weitere Möglichkeit, Daten auf sprachlicher Ebene zu generieren, ist die Gruppendiskussion. Während in einer Interviewsituation typischerweise ein Forscher und ein Befragter interagieren, erlaubt es diese Erhebungsmethode, mehrere Befragte gleichzeitig in die Untersuchung miteinzubeziehen. Die Gruppendiskussion eignet sich dafür, kollektive Meinungen oder Einstellungen zu erheben (vgl. Hussy et al. 2010, S. 221). So werden Vorurteile weniger in Einzelgesprächen als vielmehr in Gruppen benannt, in denen sich die Diskussion emotional auflädt und Einstellungen eher offenbart werden. In gut geführten Gruppendiskussionen können Ängste und emotionale Blockaden leichter durchbrochen werden, sodass die Beteiligten bereitwilliger ihre Einstellungen darlegen.

Mit der Gruppendiskussion sind einige Herausforderungen aus methodischer Sicht verbunden. So werden vom Forscher besondere Moderationsfähigkeiten verlangt, weil die Gruppeninteraktion in der Regel deutlich komplexer ist als ein individuelles Interview. Zudem sind die erhobenen Daten schwieriger zu transkribieren und zu analysieren, weil schnell sehr viele Daten in der Gruppe entwickelt werden können. Es können sich darüber hinaus Zuordnungsprobleme bei den einzelnen Äußerungen und Verständnisschwierigkeiten aufgrund simultaner Redebeiträge ergeben. Auch die Organisation einer Gruppendiskussion ist in der Regel aufwendiger, da viele Teilnehmer zusammen koordiniert werden müssen. Schließlich besteht die Gefahr, dass es zu gruppendynamischen Effekten kommt, bei denen dominierende Akteure den Diskussionsverlauf bestimmen und andere Meinungen unterdrückt werden (vgl. Bryman 2008, S. 488–489).

Auswertungsverfahren und Codierung

Liegt das Datenmaterial vor, muss entschieden werden, mit welchen Auswertungsverfahren die qualitativen und quantitativen Daten bearbeitet werden sollen. Zur Auswertung qualitativer Daten wird häufig die Codierung herangezogen; quantitative Daten werden typischerweise mithilfe der deskriptiven, bivariaten oder multivariaten Statistik ausgewertet.

Ein weit verbreitetes Verfahren zur Analyse qualitativer Daten ist die Codierung. Ziel ist es, das Material unter einer ganz spezifischen Fragestellung zu analysieren. Bspw. sucht der Forscher nach bestimmten „Codes" oder Etikettierungen, die den Text auf einer abstrakteren Ebene beschreiben. So könnte ein Interviewausschnitt nach verschiedenen Formen des Organisationswiderstandes bei der Implementierung von Managementinstrumenten codiert werden. Einer Textstelle wird z. B. das Bedeutungsetikett „finanzielle Belastung" angeheftet, einer anderen Textstelle das Etikett „Angst vor Machtverlust". Während der Analyse der Texteinheit kann der Forscher am Textrand die Themen oder Etiketten vermerken, um die es in den Äußerungen geht. Häufig erfolgt der Codierungsprozess induktiv, d. h., die Codierungen werden aus dem Text heraus abgeleitet. Im Verlauf der Analyse entsteht ein Bedeutungsgeflecht, in dem Querbezüge zwischen Textbestandteilen hergestellt werden, denen der gleiche Code zugewiesen wurde. Diese Methode eignet sich zur Zusammenfassung des Textmaterials, indem die Originalaussagen auf ein abstrakteres Niveau gehoben werden. Darüber hinaus kann die Codierung auch in einer explorativ-datenerweiternden Variante angewandt werden. Hier wird an die einzelnen Codes zusätzliches Material herangetragen, um neue Gesichtspunkte des Materials zu erfassen. So könnte auch nach dem gegenteiligen Code und dessen Bedeutung gefragt werden oder es könnten Voraussetzungen und Folgen des Codes untersucht werden, sodass das originäre Textmaterial auf Basis zusätzlicher Materialien und Fragen angereichert wird.

Bei quantitativen Daten werden typischerweise statistische Auswertungen vorgenommen, bspw. zu erhobenen demografischen Variablen und zu den offenen und geschlossenen Fragen. Unter den zahlreichen Lehrwerken hierzu haben wir – neben anderen – eine kleine Auswahl (Brosius 2008; Bortz 2010; Backhaus et al. 2011; Diekmann 2016) im Literaturverzeichnis aufgeführt.

Der Arbeitsabschluss

5

Auf einen Blick

- Abschlussarbeiten in Organisationen liegen sensible Daten zugrunde. **Betriebsgeheimnis** und **Datenschutz** sind zu beachten. Insbesondere ist in der Regel eine vollständige Anonymisierung aller Daten durchzuführen. Gängig sind diesbezügliche schriftliche **Vereinbarungen.**
- Bei der Fertigstellung können vonseiten der Organisation ggf. Druckkostenzuschüsse oder die gesamte **Übernahme der Kosten** erfolgen. Entsprechendes kann bereits zu Beginn des Abschlussprojektes besprochen werden.
- Neben der Abgabe in der Hochschule fallen üblicherweise **Präsentationen** bzw. **Management Summarys** für die jeweilige Organisation und die Manager bzw. Leitungspersonen an. Hierbei ist es ratsam, die aus betrieblicher Sicht besonders interessanten bzw. produktiven Ergebnisse hervorzuheben.
- Für die Darstellung der Ergebnisse empfehlen wir eine Form, die auf zu überschwängliche Folgerungen, allgemeinere Behauptungen und offensichtliche Übertreibungen verzichtet und stattdessen die konkrete **Aussagekraft der Ergebnisse realistisch** vermittelt.

Betriebsgeheimnis und Datenschutz

Ein wichtiges Thema ist der Umgang mit etwaigen Sperrvorschriften bzw. Sperrvermerken, die vonseiten der jeweiligen Organisationen vorgegeben werden können, um das Betriebsgeheimnis und den Datenschutz zu wahren. Demnach dürfen die Texte nur von den jeweiligen Prüfern bzw. Betreuern gelesen werden.

© Der/die Herausgeber bzw. der/die Autor(en), exklusiv lizenziert durch Springer Fachmedien Wiesbaden GmbH, ein Teil von Springer Nature 2020
M. Schütz und H. Röbken, *Projekt- und Abschlussarbeiten in Organisationen*, essentials, https://doi.org/10.1007/978-3-658-29311-6_5

Diese Vorgabe kann sich auf Teile oder die gesamte Arbeit beziehen, was auch Kritik hervorruft, da es zum Wesen wissenschaftlicher Arbeiten gehört, ihren Inhalt prinzipiell überall einsehen und veröffentlichen zu dürfen. Die jeweiligen Bestimmungen können im Falle von Auftragsforschungen vor Ort mit dem Betrieb ausgehandelt werden. Möglich ist die Vereinbarung einer teilweisen Sperrung sensibler Daten, die Reputations- oder Wettbewerbsschäden nach sich ziehen könnten.

Für allgemein gehaltene wissenschaftliche Kapitel, insbesondere Theoriematerial, ist jedoch kaum eine Verschwiegenheits- bzw. Geheimhaltungspflicht zu rechtfertigen. Grundsätzlich ist zu klären, ob in der Arbeit überhaupt konkrete Daten über die jeweilige Organisation verwendet werden sollen. Anonymität ist beinahe der Regelfall. Nur so können sensible Informationen in geschützter Form einer wissenschaftlich interessierten Öffentlichkeit zugänglich gemacht werden, ohne Personen oder Organisationen „vorzuführen". Gelegentlich soll es natürlich auch vorkommen, dass Abschlussarbeiten „nicht zugänglich in den Stahlschränken des Unternehmens und der Universität" (Kühl 2003, S. 11) verschwinden, da die Befunde für die Organisation nicht gerade erfreulich sind.

Fertigstellung

Gerade in größeren Organisationen haben Absolventen den Vorteil, ihre Arbeiten „inhouse" fertigstellen zu lassen. Hausdruckereien drucken und binden die Arbeit komplett, und erfahrungsgemäß viele auf Rechnung des Hauses. Die Anzahl der Exemplare kann höher ausfallen, da nicht nur das Prüfungsamt und zwei Gutachter der Hochschule, sondern auch mindestens der betriebliche Betreuer oder die beteiligten Fachabteilungen, die thematisch oder personell in die Arbeit einbezogen waren, Arbeiten erhalten. Zwar ist die finanzielle Beteiligung oder komplette Kostenübernahme durch Organisationen verbreitet, aber darauf ist nicht generell Verlass.

Präsentation der Arbeit

Auch ist es verbreitet üblich, dass Absolventen ihre Ergebnisse vor Ort präsentieren. In der Praxis bieten sich dafür verschiedene Anlässe an: ein Abteilungsmeeting, ein Workshop oder Sitzungen der Geschäftsführung. Ob dies gewünscht ist, wird man in der Organisation kommunizieren. Es versteht sich von selbst, dass auf den Adressatenkreis (Praktiker) zu achten ist und vielmals eine pointierte Präsentation gewinnt. Hilfreich ist es, auf die Belange vor Ort einzugehen; das heißt, mögliche Arbeitsaufträge hinsichtlich einer betrieblichen Problemstellung zu beachten. Mit anderen Worten: ein bisschen Sinn für Komposition und Raffinesse hat auch noch keinem geschadet.

Management Summary
Daneben kann ein Management Summary bei Abgabe der Arbeit angefügt werden. Das Management Summary ist ein knapp gehaltenes Thesenpapier, welches zentrale Ergebnisse der Arbeit auf ein bis zwei Seiten übersichtlich zusammenstellt. Überlegungen zu sogenannten – wie heute überall zu lesen ist – „praktischen Implikationen" sind gern gesehen. Mit Blick auf eine wissenschaftliche Begrenzung der Befunde wird es jedoch angemessen sein, praktisch orientierte Schlussfolgerungen – mit gebotener Vorsicht vor Pathos und allzu simplen Antworten – sparsam zu behaupten.

Es hat sich als galanter Weg erwiesen, die praktische Relevanz mit neuen Fragestellungen zu verbinden. Die Annahme, Praktiker sehnten sich nach „klaren Ansagen" aus der Welt der Wissenschaft ist zwar verbreitet, doch auch etwas naiv. Allzu forsche Hinweise, was zu tun sei, können als überheblich wahrgenommen werden. Mit vermeintlichen „Erfolgsfaktoren" (siehe Exkurs) lässt sich zwar schnell für Stimmung sorgen, die empirische Basis ist aber in vielen Fällen nicht so eindeutig. Auch wir als Forscher haben natürlich keine Einwände dagegen, dass unsere Arbeiten von Praktikern aufgegriffen werden, durch Medien darüber berichtet wird oder wir Gelegenheit erhalten, in Diskussionen diesbezüglich Rede und Antwort zu stehen. Doch man sollte erforschte Wahrscheinlichkeiten und Möglichkeiten nicht mit sicheren Hinweisen für eine bestimmte Maßnahme oder Ansicht verwechseln. Anders gesprochen: Die unseres Erachtens angemessene Form einer wissenschaftlich behaupteten Praxisempfehlung ist der Konjunktiv. Oder für die Musiker: Man spielt moderato, nicht presto.

Exkurs: Was ist von „Erfolgsfaktoren" zu halten?
Die viel beschworenen, durch Wissenschaftler verkündeten „Erfolgsfaktoren" in der Organisationsführung werden in der Forschung seit längerer Zeit kritisch beäugt. In anwendungsorientierten Studien wird heute vielfach von den „Erfolgsfaktoren" für Unternehmensführung und Management gesprochen. Eine aufschlussreiche Analyse haben die Management-Professoren Alfred Kieser und Alexander Nicolai (2002) präsentiert. Sie können zeigen, wie fragwürdig die Herleitungen für angebliche

Erfolgsfaktoren zustande kommen und auch, dass es zuweilen zum Wesen anwendungsorientierter Disziplinen gehört, Erfolgsbeiträge in Aussicht zu stellen, um damit die eigene Legitimation des Faches für Praktiker zu unterstreichen. Lesenswert – und nach wie vor aktuell – ist außerdem im Rahmen jedes Organisationspraktikums der Aufsatzz *Moden und Mythen des Organisierens* (1996) von Alfred Kieser sowie dessen Buch *Wissenschaft und Beratung* (2002).

Vom souveränen Umgang mit Fassaden – und vom praktischen Nutzen der Arbeit

Unser sehr kurzer Überblick schließt mit ein paar – vielleicht persönlichen – Anmerkungen, die zu einer selbstbewussten und gelassenen Hospitation im jeweiligen Organisationsumfeld ermutigen sollen.

Tätigkeiten in einer unbekannten Organisation sind mit Grübelei darüber verbunden, wie es dort zugehen mag und welche Ansprüche und Bedingungen einem begegnen werden. Besonders Studierende stellen sich entsprechende Fragen. Denn erstens ist für eine Vielzahl der sogenannten „traditionell Studierenden" (Studium im Anschluss an die Schulzeit) ein Organisationspraktikum die erste praktische Tätigkeit in einem Unternehmen, die unmittelbar mit einer formalen Qualifikation in Zusammenhang steht. Sie unterscheidet sich dadurch von beliebten studentischen Nebenjobs. Ausgenommen von dieser Betrachtung sind natürlich Dualstudierende, weiterbildende Studierende und Studierende mit Berufsausbildung.

Bei Problemen sind sowohl Hochschule als auch Organisation erste Anlaufstellen. Hier hat ein Ansprechpartner in der Organisation seinen Nutzen, wenn er idealerweise ins Vertrauen gezogen werden kann. Es gibt gerade unter Neuankömmlingen in Organisationen die Neigung, kleine Fehler und Petitessen selbst viel kritischer zu sehen, als das Umfeld diese wahrnimmt. Daher empfiehlt sich die Ermutigung, „sportlich" in neue Organisationen hineinzugehen. Arbeitsorganisationen sind keine Kathedralen, in der jeder Schritt auf heiligem Boden mit gestrengen Augen verfolgt würde. Fehlerneigung kann gerade dadurch begünstigt werden, dass Fehlervermeidung bis aufs Höchste getrieben wird. Kurioserweise führt ausufernde Vorsicht nicht selten zu Ausrutschern. Im Übrigen erwecken viele der guten Ratschläge zum Auftreten in Organisationen heute den

Anschein, eher zu Konformismus zu ermutigen, anstatt den eigenen, persönlichen Stil zu finden.

Organisationen präsentieren sich auf ihrer Schauseite besonders korrekt und wollen sich den Anschein absoluter Regeltreue geben (vgl. Brunsson 1989; Schütz et al. 2018); sie gewinnen durch diese „Fassade" Legitimation aus ihrer Umwelt, ihren relevanten Bezugsfeldern, von Interessenten, Teilhabern etc. (vgl. Luhmann 1964; Meyer und Rowan 1977; Kühl 2011). Organisationen sichern sich über den Eindruck der Konformität Ressourcen.

Doch das Innenleben der Organisation hat natürlich Fehler und Störungen. Es ist sehr wahrscheinlich, dass man auch in sogenannten „Top-Firmen" früher oder später auf heikle „Stories" aufmerksam wird und unerwartet Mitwisserschaft erhält. In der Praxis der Organisation vermischen sich personelle und sachliche Themen weitaus mehr, als es die internen Akteure offiziell zugeben würden. Formelle und informelle Abläufe gehen regelrecht ineinander über. Mit dem Begriff der Mikropolitik lassen sich diese Vorgänge in Organisationen prägnant beschreiben (vgl. Bosetzky 1972; Crozier und Friedberg 1979; Küpper und Ortmann 1988).

Wissenschaftliche Arbeit drückt sich in kleinen Schritten von eher übersichtlicher Tragweite aus. Dies ist für eine Bachelor- oder Masterthesis nicht anders als für Konzeptpapiere, Projektideen, Modellvorhaben etc., die von Referenten und Sachbearbeitern in Betrieben laufend produziert werden. Ihre Umsetzung ist der Ungewissheit wirtschaftlicher Bedingungen, Interessen und jeweiliger personeller Machtverteilung unterworfen. Dies bedeutet keine Abwertung der Arbeiten. Es gelten schlicht die harten Regeln der Aufmerksamkeitsökonomie. So ist es möglich, dass manche Vorschläge unmittelbar, andere später und eine ganze Reihe niemals zur Umsetzung kommen. Organisationen neigen zur Produktion von Informationsüberfluss, auch wenn aus ihnen zu hören ist, man arbeite strikt effizient und transparent. Auch sehr praktisch erscheinende Vorschläge landen in vielen Fällen in der Schublade, ohne dass dahinter ein böser Wille steckte. Das eine ergibt sich, das andere nicht. In Organisationen wird einfach sehr viel „gemacht" – wodurch nicht zuletzt ein Großteil des beschäftigten Personals das eigene Dasein sicherstellt. Man könnte auch von Überschussaktivitäten sprechen. Doch weiß man das bisweilen erst hinterher, wenn die Projekte zu Ende gehen und manches Unerledigte „auf Eis" gelegt wird. Und viel von dem, was man anfängt, wird auch wiederum verlegt oder vergessen. Der Soziologe Niklas Luhmann hat auf die Problematik der „hohen Vergessensquoten" im Projektmanagement hingewiesen (vgl. Luhmann 2011, S. 273).

Und dennoch: Fast jede Arbeit erlaubt eine Verbindung zwischen Adressaten-
bezug und eher allgemeinerer Ausrichtung. Transferpotenziale außerhalb der
bestimmten Organisation sind möglich. Voraussetzung ist, dass diese schon
im Arbeitsprozess berücksichtigt werden. Zumindest aus akademischer Sicht
wäre ein Abschlusspraktikum aber sehr einseitig und im Hinblick auf die eigenen Forschungserfahrungen und Erkenntnisse gleichförmig – um nicht zu sagen
unspannend –, ginge es am Ende nur darum, mit möglichst wenig Aufwand ein
Arbeitsprodukt abzuliefern.

Was Sie aus diesem *essential* mitnehmen können

- Sie haben sich mit den spezifischen Besonderheiten einer Abschlussarbeit im Umfeld einer Organisation vertraut gemacht.
- Sie kennen verschiedene Wege, um Ihre Abschlussarbeit innerhalb eines konkreten betrieblichen Umfeldes anzufertigen.
- Sie haben verstanden, dass Organisationen komplexe soziale Gebilde darstellen, die je nach Ausrichtung Ihrer Arbeit Anlass für unterschiedliche Interpretationen bzw. „Lesarten" eines Betriebes bieten können.
- Sie wissen, welche Beratungs- und Kontaktstellen im Rahmen einer betrieblich eingebundenen Abschlussarbeit für Sie von Nutzen sein können.
- Sie verfügen über einen ersten Überblick hinsichtlich der vielfältigen methodischen Gestaltungsformen, die Ihnen bei der Planung und Anfertigung einer Arbeit zur Verfügung stehen.
- Sie können den Leitfaden auch als Orientierung für weiterführende, wichtige Quellen bzw. vertiefende Lektüre gebrauchen.

© Der/die Herausgeber bzw. der/die Autor(en), exklusiv lizenziert durch Springer Fachmedien Wiesbaden GmbH, ein Teil von Springer Nature 2020
M. Schütz und H. Röbken, *Projekt- und Abschlussarbeiten in Organisationen,* essentials, https://doi.org/10.1007/978-3-658-29311-6

Literatur

Apelt, M., & Tacke, V. (Hrsg.). (2012). *Handbuch Organisationstypen*. Wiesbaden: Springer.

Bachmann, G. (2002). Teilnehmende Beobachtung. In S. Kühl & P. Strodtholz (Hrsg.), *Organisationsforschung. Ein Handbuch* (S. 323–360). Hamburg: Rowohlt.

Backhaus, K., Erichson, B., Plinke, W., & Weiber, R. (2011). *Multivariate Analysemethoden* (13. Aufl.). Berlin: Springer.

Bortz, J. (2010). *Statistik für Human- und Sozialwissenschaftler* (7. Aufl.). Berlin: Springer.

Boschma, R. (2005). Proximity and Innovation. *Regional Studies, 39*(1), S. 61–74.

Bosetzky, H. (1972). Die instrumentelle Funktion der Beförderung. *Verwaltungsarchiv, 63*, 372–384.

Breisig, T. (2015). *Betriebliche Organisation. Organisatorische Grundlagen und Managementkonzepte* (2. Aufl.). Herne: NWB Verlag.

Brink, A. (2004). *Anfertigung wissenschaftlicher Arbeiten* (1. Aufl.). München: Oldenbourg.

Brosius, F. (2008). *SPSS 16 für Dummies* (2. Aufl.). Weinheim: Wiley-VCH Verlag.

Brunsson, N. (1989). *The organization of hypocrisy: Talk, decisions and actions in organization* (1. Aufl.). Chichester: Wiley.

Bryman, A. (2008). *Social research methods* (3. Aufl.). Oxford: Oxford University Press.

Cohen, M. D., March, J. G., & Olsen, J. P. (1972). A Garbage Can Model of Organizational Choice. *Administrative Science Quarterly, 17*(1), 1–25.

Crozier, M., & Friedberg, E. (1979). *Macht und Organisation. Die Zwänge kollektiven Handelns.* Königstein/Ts.: Athäneum.

Diekmann, A. (2016). *Empirische Sozialforschung* (10. Aufl.). Reinbek bei Hamburg: Rowohlt.

Eco, U. (2005). *Wie man eine wissenschaftliche Abschlußarbeit schreibt* (11. Aufl.). Stuttgart: C. F. Müller.

Hussy, W., Schreier, M., & Echterhoff, G. (2010). *Forschungsmethoden in Psychologie und Sozialwissenschaften* (1. Aufl.). Berlin: Springer.

Karmasin, M., & Ribing, R. (2010). *Die Gestaltung wissenschaftlicher Arbeiten* (5. Aufl.). Wien: facultas wuv.

Kieser, A. (1996). Moden & Mythen des Organisierens. *Die Betriebswirtschaft, 56*(1), 21–39.

Kieser, A. (2002). *Wissenschaft und Beratung.* Heidelberg: Universitätsverlag Winter.

Kieser, A., & Nicolai, A. (2002). Trotz eklatanter Erfolglosigkeit: Die Erfolgsfaktorenforschung weiter auf Erfolgskurs. *Die Betriebswirtschaft, 62*(6), 579–596.

Kieser, A., & Walgenbach, P. (2010). *Organisation* (6. Aufl.). Stuttgart: Schäffer-Poeschel.

Kühl, S. (2003). Assessment-Center. Teures Alibi. *Management & Training, 30*(8), 11.

Kühl, S. (2011). *Organisation. Eine sehr kurze Einführung.* Wiesbaden: VS Verlag.

Kühl, S. (2015). Die publikationsorientierte Vermittlung von Schreibkompetenzen. *Soziologie, 44*(1), 56–77.

Küpper, W., & Ortmann, G. (Hrsg.). (1988). *Mikropolitik: Rationalität, Macht und Spiele in Organisationen* (1. Aufl.). Opladen: VS Verlag.

Kvale, S. (1996). *Interviews: An introduction to qualitative research interviewing* (1. Aufl.). Thousand Oaks: Sage.

Lamnek, S. (2010). *Qualitative Sozialforschung* (5. Aufl.). Weinheim: Beltz.

Lieberson, S., & O'Connor, J. F. (1972). Leadership and organizational performance: A study of large corporations. *American Sociological Review, 37*(2), 117–130.

Luhmann, N. (1964). *Funktionen und Folgen formaler Organisation* (1. Aufl.). Berlin: Duncker & Humblot.

Luhmann, N. (2011). *Organisation und Entscheidung* (3. Aufl.). Wiesbaden: VS Verlag.

Mayring, P. (2002). *Einführung in die qualitative Sozialforschung* (5. Aufl.). Weinheim: Beltz.

Meyer, J. W., & Rowan, B. (1977). Institutionalized organizations: Formal structure as myth and ceremony. *American Journal of Sociology, 83*(2), 340–363.

Mintzberg, H. (1973). *The nature of managerial work* (1. Aufl.). New York: Harper & Row.

Müller, M., & Haeger, K. S. (2010). *Qualitative Sozialforschung. Studienbrief für den weiterbildenden internetgestützten Studiengang Business Administration in kleineren und mittleren Unternehmen.* o. V.: Oldenburg.

Northern Business School Hamburg (NBS). (2015). *Leitfaden zur Erstellung wissenschaftlicher Arbeiten an der NBS Hochschule.* Hamburg. https://www.nbs.de/fileadmin/download/Ordnungen_und_Richtlinien/Leitfaden_Erstellung_wiss._Arbeiten.pdf. Zugegriffen: 28. Nov. 2019.

Preisendörfer, P. (2011). *Organisationssoziologie. Grundlagen, Theorien und Problemstellungen* (3. Aufl.). Wiesbaden: VS Verlag.

Röbken, H. (2005). *Leitfaden zur Anfertigung wissenschaftlicher Abschlussarbeiten für den weiterbildenden internetgestützten Studiengang Business Administration in kleineren und mittleren Unternehmen.* Oldenburg: o. V. Studienmaterial/unveröffentlichtes Manuskript.

Röbken, H. (2011). *Empirische Forschungsmethoden, Studienbrief für den Studiengang Innovationsmanagement.* Oldenburg: o. V. Studienmaterial/unveröffentlichtes Manuskript.

Röbken, H., & Schütz, M. (2019). „The church must always be reformed" – Visitation projects as decision program in the Protestant Church. *Scandinavian Journal for Leadership & Theology, 6*, 1–28.

Schimank, U. (2001). Organisationsgesellschaft. In G. Kneer, A. Nassehi, & M. Schroer (Hrsg.), *Klassische Gesellschaftsbegriffe der Soziologie* (S. 278–307). München: Fink.

Schmidt, O. (2013). *Die Abschlussarbeit im Unternehmen schreiben*. Konstanz: UVK Lucius.

Schütz, M., Beckmann, R., & Röbken, H. (2018). *Compliance-Kontrolle in Organisationen. Soziologische, juristische und ökonomische Aspekte*. Wiesbaden: Springer Gabler.

Universität Bielefeld/Fakultät für Soziologie. (2016). *Wissenschaftliches Arbeiten: Tipps und Strategien*. https://www.uni-bielefeld.de/soz/ab3/wissenschaftlich-arbeiten/. Zugegriffen: 28. Nov. 2019.

Wolf, B., & Priebe, M. (2000). *Wissenschaftstheoretische Richtungen*. Landau: Verlag Empirische Pädagogik.

Printed in the United States
By Bookmasters